Biologisch richtig düngen

In dieser Reihe sind bisher erschienen:

Gertrud Franck
Gesunder Garten durch Mischkultur

Karl-Heinz Mücke
Der Intensivgarten

Karl-Heinz Mücke/Kurt Rieger
Der Garten drinnen und draußen

Walter Nowak-Nordheim
Freude am Bauerngarten

Maria Sansoni/Christoph Köchel
Das kleine 1 x 1 des Gärtners

Georg E. Siebeneicher
Mein Garten in der Stadt

Helmut Snoek
Gesunde Pflanzen in Zier- und Nutzgarten

Horst Wendt/Hartmut Hildebrandt
Biologischer Gartenbau unter Glas und Folie

Helmut Snoek
Nützlinge in Garten und Gewächshaus

Fritz Windscheif/Hartmut Hildebrandt
Werken im Garten

Helmut Snoek

Biologisch richtig düngen

Die Düngemittel, ihre Anwendung und Wirkung

Südwest Verlag München

Herausgeber: Georg E. Siebeneicher

Mit 49 Fotos, davon 25 in Farbe,
und 68 Zeichnungen des Autors

ISBN 3-517-00823-0

Umschlaggestaltung: Design-Team, München (Fotos ZEFA)
Satz: Ludwig Auer, Donauwörth
Druck und Bindung: Kösel, Kempten

Inhalt

Einführung

In diesem Buch wird beschrieben, wie man mit organischen Düngemitteln sowie einfachen, erprobten Methoden die Böden unserer Gärten und Äcker zu hoher Fruchtbarkeit bringt und diesen Zustand auf Dauer erhalten, ja sogar noch steigern kann.

Es wendet sich an den Laien, der seinen Nutz- oder Ziergarten neu anlegt und sich bisher mit diesen Fragen wenig beschäftigt hat. Es spricht also in erster Linie den Hausgärtner an; sicherlich aber kann auch der Berufsgärtner oder Nebenerwerbslandwirt, der bisher Mineraldünger wie auch agrochemische Produkte einsetzte und umstellen möchte, aus diesem Buch Nutzen ziehen.

Möglicherweise wird auch der berufsmäßige Landwirt mit seinen weiteren, auf Maschineneinsatz ausgerichteten Arbeitsmethoden, profitieren können – und sei es auch nur in der Frage, ob er vielleicht für seinen Betrieb dieses oder jenes übernehmen könne, zur Verbesserung der Bodenqualität, zur Schonung des Geldbeutels.

Das Buch will beschreiben und gegenüberstellen. Hierzu schien es dem Verfasser notwendig, nicht nur die organischen Düngemittel zu erklären, sondern auch die Mineraldünger, um die Gegensätze beider Düngerarten bzw. Düngemethoden vom System her zu erläutern. Der Leser soll sich also sein eigenes Urteil bilden.

Die Meinung des Verfassers sei aber von vornherein unmißverständlich klargestellt: Er hält die derzeitige „konventionelle“ Düngelehre für falsch und, auf lange Sicht gesehen, in hohem Maße schädlich.

Wir müssen wieder lernen, schonend mit dem Boden umzugehen, soll nicht in kommenden Jahrzehnten eine Katastrophe eintreten; diese in mehrfacher Hinsicht:

1. Durch eine regelrechte Kostenexplosion, die bei Fortführung der jetzigen Düngungs- und Bodenbearbeitungsmethoden nicht zu vermeiden ist. Die derzeitige „konventionelle“ Landwirtschaft verbraucht mehr Energie als sie erzeugt – sie ist damit zum Energiefresser geworden. Energie wird aber auch in Zukunft ständig mehr Geld kosten!

2. Die derzeitig empfohlenen Dünge- und Bodenbearbeitungsmethoden haben auf vielen Böden zu einer Humusverarmung geführt. Nur ein guter Humusbestand jedoch sichert ein ausreichendes Bodenleben und gesunde Pflanzen.

3. Der als Folge der derzeitigen land- und gartenwirtschaftlichen Methoden notwendige Einsatz von zumeist giftigen Bioziden muß drastisch verringert werden, *sonst würde unsere Umwelt nicht wiedergutzumachenden Schaden erleiden*! Auch aus gesundheitlichen Gründen für Mensch und Tier muß der Einsatz von Bioziden entscheidend verringert werden. Die hemmungslose Verwendung von DDT sowie von weiteren Chlorkohlenwasserstoffen hat uns die Augen geöffnet; auch heute noch werden solche Produkte benutzt; ähnliche, neue, sind nach dem Verbot aufgekommen. Es gibt praktisch keinen Quadratmeter Erdboden mehr in unseren Landen, in dem nicht Pflanzenschutzgifte aller Art nachgewiesen werden können!

4. Immer teurer und aufwendiger wird die *Beseitigung* der Schäden durch Mißbrauch von Bioziden und Mineraldüngern. Hier finanziert die Allgemeinheit das Ertragsdenken wie auch den bedenkenlosen Einsatz solcher Produkte durch eine Gruppe „führender Landwirte“ und eine größere Gruppe von Betrieben, die ihnen folgt.

Es gilt indessen unverändert das geflügelte

Wort: „Die Natur gibt immer Kredit, aber sie vergißt nie, Rechnung zu stellen." Auch ein Wort Nietzsches trifft zu: „Ich befürchte, die Tiere betrachten den Menschen als ein Wesen ihresgleichen, das in höchst gefährlicher Weise den gesunden Tierverstand verloren hat."

Der Verfasser ist daher der Überzeugung, daß das gigantische Experiment der „modernen Landwirtschaft" seinen Höhepunkt erreicht, ja, bereits überschritten hat. Eine Rückbesinnung erfolgt; sie wird vornehmlich von der nachwachsenden Generation getragen, aber auch schnell immer weitere Kreise erfassen.

Es darf kein Dauerzustand werden, daß der Landwirt als gigantischer Veränderer unserer Landschaft gilt, der Grund- und Oberflächenwasser beeinträchtigt und mit den ausgesprühten Giften den Artenreichtum, die Vielfalt unserer Natur herabsetzt.

Viele Anzeichen deuten darauf hin, daß eine Bewußtseinsänderung erfolgen wird, die zwangsläufig zu einer Änderung der jetzigen Düngemethoden führt. Denn diese stehen, gemeinsam mit einigen anderen Praktiken, z. B. der übertriebenen Anwendung von Monokulturen, am Anfang der Fehlentwicklung des heutigen Landbaues. Also muß auch hier der Hebel angesetzt werden, um wieder zu einem naturgemäßen Anbau zu kommen.

Da die „Agrochemie" auch Einzug in unsere Gärten, Gärtnereien und Nebenerwerbsbetriebe gefunden hat, dort sogar vielfach noch eifriger als beim Landwirt betrieben wird, gilt das Gesagte in vollem Umfang auch für diesen Bereich.

Umgekehrt ist in den vergangenen Jahrzehnten in großen Betrieben längst der Beweis erbracht, daß durch die jahrtausendealte Humuswirtschaft, natürlich unter Einschluß moderner Erkenntnisse, die Böden wieder gesund und fruchtbar werden.

Eine unmittelbare Folge solchen Umdenkens wäre eine Verringerung, in vielen Fällen sogar Vermeidung der Biozidverwendung. Das würde sich in vieler Hinsicht positiv auswirken. *In den oft polemischen Berichten gegen die biologische Landwirtschaft wird diese Konsequenz kaum erwähnt!*

Wenn die Rückbesinnung und Umstellung im Erwerbsbetrieb in vielen Fällen ökonomische Fragen aufwirft – in Gärten und Nebenerwerbsbetrieben liegt es nur am Entschluß des Einzelnen. Wenn er will, kann er jeden Tag beginnen, seinen Garten oder Betrieb umzustellen, sei es zunächst in Teilen, sei es gleich im Ganzen. Jede sogenannte Umstellung beginnt „im Kopf", dann folgen Literaturstudium und Gespräche, danach erst beginnt die Praxis!

Im Sinne dieser Gedanken dienen Kapitel 1 und 2 der Orientierung, Begriffsbestimmung und Hinweisen auf die vielen Möglichkeiten. Sie sollen also Grundkenntnisse vermitteln. Wer diese bereits hat, mag jene Kapitel überfliegen. Alles Beschriebene ist bekannt, ausprobiert, hat sich bewährt und kann unbedenklich sinngemäß übernommen werden.

Der Anwender muß jedoch wissen, daß jedes Stück Land, jeder einzelne Garten ein eigenes „Ökosystem" ist, so daß es ihm keineswegs erspart bleibt, die für *seinen Garten* optimalen Mittel nach und nach selber herauszufinden. Der Auswahlmöglichkeiten sind ja genug.

Wenn der Inhalt dieser Schrift dazu dient, daß möglichst viele Leser statt des seitherigen „chemischen" Gartenbaues nun den biologischen Weg beschreiten und organische Dünger einsetzen statt Mineraldünger *und* Pestizide – und ihre hoffentlich erstaunlichen wie auch beglückenden Erfolge noch ihren Nachbarn weitererzählen; dann hat dieses Buch seine Aufgabe erfüllt.

Kapitel 1: Die Düngemittel

1.1 Das deutsche Düngemittelgesetz

Soweit Düngemittel gewerbsmäßig in den Verkehr gebracht werden, unterliegen sie dem *deutschen Düngemittelgesetz* vom 15. 11. 1977. Es ist ein kurzes, einfach und klar formuliertes Gesetz, welches festlegt, daß nur solche Düngemittel gewerbsmäßig in den Verkehr gebracht werden dürfen, die einer bestimmten „Type" entsprechen, die in der *Düngemittelverordnung* vom 19. 12. 1977 enthalten sind. Diese Verordnung ist veränderbar, d. h. die aufgeführten Typen können sowohl gestrichen, geändert wie auch ergänzt werden. Sie regelt gleichzeitig auch die genaue Bezeichnung der einzelnen Düngemitteltypen, die jeweiligen Nährstoffe, ihre Gehalte und sonstigen Bestandteile, gegebenenfalls auch noch die Art der Herstellung sowie äußere Merkmale.

Unterschieden werden die Düngemittel in:
- mineralische Einzelnährstoffdünger
- mineralische Mehrnährstoffdünger
- organische und organisch-mineralische Düngemittel
- Düngemittel mit Spurennährstoffen

Außerdem sind zu beachten:
- Kennzeichnungen (nach Typen)
- Toleranzen (Gewichtsabweichungen)

Im Düngemittelgesetz selber wird sowohl Kennzeichnung als auch Verpackung, mit der die Düngemittel in den Verkehr gebracht werden dürfen, festgelegt.

Dieses Gesetz ist eindeutig zum Schutz des Verbrauchers geschaffen, um den früher häufigen Angeboten von „Wundermitteln" einen Riegel vorzuschieben und um klare Vergleiche unter den Düngern zu ermöglichen.

Nur noch im Bereich der *Rasen- und Blumendünger* können Produkte verkauft werden, die keinem der festgelegten Düngemitteltypen entsprechen. Auch für diesen Anwendungsbereich empfiehlt es sich, auf die zugelassenen Typen zurückzugreifen. Diese sind kenntlich an der Verpackungsaufschrift wie beispielsweise: „Düngemitteltyp: Organischer NP-Dünger, 3% N, 4% P_2O_5" oder, als weiteres Beispiel: „Düngemitteltyp: Torfmischdünger, 30% organische Substanz, 1% N, 1% P_2O_5, 1% K_2O".

Düngemittelgesetz und Düngemittelverordnung sind ausführlich beschrieben in der Broschüre: „Das Düngemittelrecht" von *Schmitz/Kluge* (siehe Literaturhinweise).

1.2 Begriffsbestimmungen

In der Umgangssprache, im Handel wie auch in Verordnungen und Gesetzen haben sich ganz bestimmte Begriffe durchgesetzt, die natürlich auch in diesem Buch verwendet werden. Nachfolgend wird erklärt, was man unter ihnen versteht. Die Aufzählung entspricht dabei dem § 1 – „Begriffsbestimmungen" – des eben erwähnten Düngemittelgesetzes. Vom Verfasser sind in *Kursivschrift* zusätzliche Textstellen eingefügt, wo dies zum besseren Verständnis notwendig scheint.

1. Düngemittel: Stoffe, die dazu bestimmt sind, unmittelbar, *das heißt über Wurzel oder Blatt,* oder mittelbar, *also erst nach Aufschließung der Nährstoffe durch das Bodenleben,* Nutzpflanzen zugeführt zu werden, um ihr Wachstum zu fördern, ihren Ertrag zu erhöhen oder ihre Qualität zu verbessern; ausgenommen sind Stoffe, die überwiegend dazu bestimmt sind, Pflanzen vor Schadorganismen und

Krankheiten zu schützen oder, ohne zur Ernährung von Pflanzen bestimmt zu sein, die Lebensvorgänge von Pflanzen zu beeinflussen; sowie Bodenhilfsstoffe, Kultursubstrate, Pflanzenhilfsmittel, Kohlendioxid, Torf und Wasser.

2. Wirtschaftsdünger: tierische Ausscheidungen, Stallmist, Gülle, Jauche, Kompost sowie Stroh und ähnliche Reststoffe aus der pflanzlichen Produktion. *Das heißt also, alles Stoffe, wie sie in einem bäuerlichen Betrieb, in der eigenen Wirtschaft anfallen. Vielfach werden diese Wirtschaftsdünger heute auch als Fertigprodukt im Handel angeboten, dadurch sind sie aber im Sinne des Gesetzes „Handelsdünger“.*

3. Bodenhilfsstoffe: Stoffe ohne wesentlichen Nährstoffgehalt, die den Boden biotisch, chemisch oder physikalisch beeinflussen, um seinen Zustand oder die Wirksamkeit von Düngemitteln zu verbessern, insbesondere Bodenimpfmittel, Bodenkrümler, Bodenstabilisatoren, Gesteinsmehle.

4. Kultursubstrate: Pflanzerden, Mischungen auf der Grundlage von Torf und andere Substrate, die den Pflanzen als Wurzelraum dienen, auch in flüssiger Form.

5. Pflanzenhilfsmittel: Stoffe ohne wesentliche Nährstoffgehalte, die dazu bestimmt sind, auf die Pflanze einzuwirken oder die Aufbereitung organischer Stoffe zu beeinflussen. *Auch hierunter können Gesteinsmehle oder Tone fallen, aber auch Pflanzenauszüge, Hefeextrakte usw.*

6. Herstellen: das Gewinnen, Bearbeiten, Verarbeiten, Mischen und sonstige Aufbereiten von Stoffen zu Düngezwecken.

7. Inverkehrbringen: das Anbieten, Vorrätighalten, zur Abgabe feilhalten und jedes Abgeben an andere.

Abwässer, Klärschlämme, menschliche Fäkalien und ähnliche Stoffe unterliegen dem „Abfallbeseitigungsgesetz“ und damit eigenen Rechtsvorschriften.

In diesem Zusammenhang mag erwähnt werden, daß alle häuslichen und gärtnerischen Abfallstoffe nicht mehr dem Hauseigentümer gehören, sondern dem Abfallbeseitigungsgesetz unterliegen. Dieses „gestattet“ z. Zt. noch in den meisten Gemeinden Deutschlands die Verwertung durch den Hauseigentümer, rechtlich gehören jedoch diese Stoffe dem Gesetzgeber, also dem Staat und in seiner Vertretung der jeweiligen Gemeinde.

Das *schweizerische* Düngerecht ist anders in seinen Formulierungen, vom Aufbau und Sinngehalt her jedoch ähnlich dem deutschen Gesetz. Auch hier werden die düngewirksamen Stoffe mit ihren wertgebenden Substanzen genau beschrieben und die Bezeichnungen für Verpackung, Druckschriften usw. genannt. Ein Hersteller, der diese Vorschriften beachtet, benötigt keine Einzelzulassung für seine Produkte, unterliegt jedoch einer regelmäßigen Kontrolle.

Für neue oder andersartige Düngemittel ist ein Prüfverfahren vorgeschrieben, ohne das diese nicht in den Verkehr gebracht werden dürfen. Die Zulassungsnummer nach einer Prüfung ist auf den Verpackungen anzugeben.

Auch in der Schweiz darf daher ein Verbraucher sicher sein, ein gutes Produkt zu erhalten; Phantasieerzeugnisse gibt es nicht.

Anders dagegen in *Österreich.* Hier ist ein Düngemittelrecht in Vorbereitung, aber noch nicht verabschiedet. Wer in Österreich Düngemittel in den Verkehr bringt, unterliegt derzeit also allein den allgemeinen Wirtschaftsgesetzen über richtige Deklaration, Gebrauchshinweise, Warnhinweise bei gesundheitsgefährdenden

Stoffen usw., ist aber hinsichtlich Zusammensetzung des Produktes und Aussagen darüber unbehindert. Treten Streitfälle auf, so muß ein Geschädigter in einer zivilrechtlichen Entscheidung sein Recht suchen. In Deutschland und der Schweiz dagegen genügt eine einfache Anzeige, und der Staat ermittelt dann weiter.
Solche Rechtsfragen können mitunter ganz erhebliche wirtschaftliche Bedeutung erlangen, wenn z. B. durch einen schlechten Dünger erhebliche Ernteschäden verursacht werden, der Boden längerfristig beeinträchtigt wird usw.

1.3 Organische Düngemittel

Unter der Sammelbezeichnung *Organische Düngemittel* laufen keinesfalls nur Produkte in schönen bunten Kartons oder Säcken, die es im Handel zu kaufen gibt. Nein, wir müssen den Bogen sehr weit spannen und all die Zubereitungen einbeziehen, die man unter dem Begriff *organisch,* also *aus dem Reich der lebenden Natur stammend,* im weitesten Sinne zusammenfaßt.
Wir beziehen auch die Stoffe mit ein, die die Natur uns zur Verfügung stellt, auch wenn sie nicht verwes- oder verrottbar sind, aber trotzdem Pflanzenwachstum beeinflussen, wie Tone, Gesteinsmehle, Träger von Spurenelementen.

In drei Gruppen werden unterschieden:

a) uns „ungewollt“ von der Natur zur Verfügung gestellte Stoffe;

b) selbsthergestellte organische Düngemittel = *Wirtschaftsdünger*;

c) organische Handelsdünger, von der Industrie hergestellt, einschließlich Gesteinsmehle, Tone, Spurenelemente-Dünger.

a) Hier müssen wir an erster Stelle *Wasser* und *Luft* nennen als die alles bestimmenden, wichtigsten Faktoren des Pflanzenwuchses überhaupt. Die ausreichende Menge an Wasser beeinflußt das Pflanzenwachstum mehr als alle Düngemittel zusammengenommen. Ohne Luft kann kein Lebewesen auf der Erde existieren. Dazu enthält die Luft auch die unentbehrlichen Pflanzennährstoffe *Stickstoff* 78,08%, *Sauerstoff* 20,9% und *Kohlendioxid* 0,033%. Stoffe, ohne die keine Pflanze leben kann! Sowohl die Pflanze selber als auch Bodenlebewesen entnehmen diese aus der Luft, konzentrieren und verarbeiten sie mit Hilfe der Sonnenenergie und bestimmter Bakterien- und Algenarten.
Wir beziehen den *Staub,* der täglich auf unsere Felder heruntersinkt, ebenfalls in die ungewollt zur Verfügung gestellten Nährstoffe mit ein. Staub sowohl aus menschlicher Tätigkeit, vorwiegend Verbrennungen aller Art, Staub aus Erde, vom Wind herbeigetragen, Staub aus Vulkanausbrüchen, von Waldbränden usw. oder Staub, der aus dem Weltraum zu uns kommt. Alles zusammen sind schätzungsweise durchschnittlich 280 g pro ha/Jahr (davon etwa 3 g/ha/Jahr Weltraumstaub) Niederschlag, der erheblich zur Düngung, und hier insbesondere im Spurenelementbereich, beiträgt; darunter natürlich auch höchst unwillkommener Staubanfall, z. B. mit Gehalten an Schwefeldioxid oder Kohlenmonoxid aus Kohle- und Kraftstoffverbrennung. Die Niederschlagsmenge schwankt in den Jahren und natürlich auch in den einzelnen Gebieten ganz erheblich, sie ist in Industriegebieten vielmal so hoch wie in abgelegenen Regionen.
Der durch den Wind herbeigetragene Staub hat eine ganz besondere Bedeutung: Er kann sich zu hohen Schichten, sogenannten „Lößschichten“, im Lauf der

Jahrzehntausende ansammeln. Bekannt sind die Lößschichten Chinas von über 100 Meter Stärke, bekannt aber auch die Lößablagerungen in Süddeutschland, z. B. in der Kaiserstuhlgegend, im Donauraum oder im Rheingraben, wo sie nun fruchtbaren Boden ergeben.

Im Februar 1983 konnte man bis weit nach Deutschland hinein, besonders markant im süddeutschen Alpenvorland, einen rötlichen Niederschlag beobachten, der mit Höhenwinden aus der Sahara herübergeweht wurde. Der Verfasser stellte fast einen halben Millimeter Staubfall während einer Nacht auf seinem Autodach fest. Die Partikel waren gar nicht einmal sonderlich fein, schätzungsweise 0,005–0,02 mm, man spürte zwischen den Fingerspitzen eine Sandstruktur. Auch wenn mit dem Staub Biozide, also Schadstoffe, auf unsere Gärten heruntergehen, stellt er insgesamt ein wertvolles Düngepotential dar, das aus dem Kreislauf der Natur kostenlos zugeführt wird.

Alle *abgestorbenen Pflanzenteile, Wurzeln wie Blätter,* und auch die *Tiere,* die in und auf dem Boden leben, die Bakterien, Hefen, die Kleintiere, von Springschwänzen bis hin zu den Würmern, werden ebenfalls nach dem Ende ihres Lebensstadiums zu organischen Düngestoffen, die wir ungewollt und kostenlos erhalten.

In der unbewirtschafteten Natur wären diese Stoffe bereits ausreichend, um den Stoffkreislauf und damit eine Pflanzenernährung sicherzustellen.

Letztlich müssen wir noch den Kot der wildlebenden Tiere dieser Gruppe von Stoffen zuordnen. Betrachtet man einmal, was unter einem einzigen Vogelnest so im Lauf eines Sommers zu Boden fällt und überschlägt dann, wie viele Vögel sich überhaupt in unserem Garten aufhalten, so ist dieser Düngeanfall gewiß nicht gering!

Natürlich rechnet man auch im üblichen Land- und Gartenbau mit diesen Stoffen, auch dort gehen sie ja kostenlos nieder. Jedoch der biologisch eingestellte Landwirt bezieht sie mehr in seine Nahrungskreisläufe ein, betrachtet sie aufmerksamer und rechnet fest mit ihnen; so beim Einsammeln des Schwalbenkotes in den Ställen zur Herstellung sehr düngewirksamer Jauchen für den Blumengarten. Der „moderne“ Landwirt lächelt dagegen gerne über diese seiner Ansicht nach übertriebene Einstellung – hat er doch den Düngersack und die Spritze.

b) Zu den *Wirtschaftsdüngern,* also den selbsthergestellten organischen Düngemitteln, rechnen wir alle Arten von Tierkot, soweit sie auf dem landwirtschaftlichen Hof anfallen. Also, Rinder-, Schweine-, Schaf- und Pferdemist, Hühnerkot bis zum Kaninchenkot. Natürlich fallen auch alle flüssigen Ausscheidungen, also Jauche und Gülle, hierunter.

Ferner rechnen wir nährkräftige Erden und Tone, bestimmte Schlämme, Gesteinsmehle wie alle selbsthergestellten Komposte der verschiedensten Art – Haushaltskomposte, Strohkomposte, Rindenkomposte, Laubkomposte, Papierkomposte usw. – hinzu. Auch die spezielle Verwendung von Tierhaaren oder Tierfedern, Schlachtabfällen usw. bezieht man in diesen Begriff mit ein.

Auch selbsthergestellte Pflanzenjauchen aller Art und Zusammensetzung gehören zu den wirtschaftseigenen Düngemitteln.

Auch die *Gründüngung* – das heißt also die Aussaat von Gewächsen, die nicht geerntet werden, sondern zur Verbesserung der Bodenstruktur, zur Ernährung des Bodenlebens und damit später zur Ernährung der Nutzpflanzen dienen – gehören zu den organischen Wirtschaftsdüngern.

Kurz, also alles, was im Haushalt, auf einem Hof verrottbar ist und zu Kompost gemacht werden kann, fällt in diesen Sammelbegriff hinein, dabei ist unwichtig, daß viele solcher Wirtschaftsdünger heute auch schon industriell hergestellt und als Düngemittel im Handel zu kaufen sind.

c) Erst am Ende dieser langen und dennoch keineswegs vollständigen Aufzählung kommen die sogenannten *Handelsdünger.* Das sind die industriell verarbeiteten organischen Stoffe wie Knochenmehl, Blutmehl, Hornspäne, Ledermehl, Traubenkerne, Rizinusschrot oder andere Schrote ölhaltiger Pflanzen, Braunkohlen usw., sei es einzeln, sei es in Mischungen untereinander nach den jeweiligen Rezepten der verschiedenen Hersteller. Mischungen gibt es dabei in den verschiedensten Mengenverhältnissen der Rohstoffe bzw. der in ihnen enthaltenen Pflanzennährstoffe, z. T. auch wieder gemischt mit Humus, Gesteinsmehlen, Tonen usw., um zu fertigen „Allrounddüngern" zu kommen.
Die Möglichkeiten, mit organischen Materialien zu düngen, sind also vielfältiger als die, mit anorganischen Düngern zu arbeiten. Um so wichtiger ist die Kenntnis aller dieser Mittel hinsichtlich Düngewert, richtiger Verwendung, Einsatzzeit und vielem anderem mehr. Denn es ist nicht so, wie manche glauben, daß man mit organischen Düngematerialien keine Fehler machen könnte. Diese Ansicht ist falsch. Auch hier können große und den Geldbeutel belastende Irrtümer vorkommen, wenn sich diese Fehler auch nie so gravierend auswirken wie im Bereich der anorganischen Düngemittel.
Eins jedoch steht fest: Das Wissen um die richtige Verwendung organischer Düngemittel muß erheblich größer sein, da die Möglichkeiten, die man hier zur Verfügung hat, vielfältiger sind. Dieses Wissen gilt es zu erwerben, anzuwenden – aber auch damit noch zu experimentieren. Es wäre vermessen, zu behaupten, wir würden die Geheimnisse der Natur heute schon kennen. Wir kennen nur grobe Strukturen, lernen täglich dazu. Lernen aber setzt Experimentieren voraus, um möglicherweise abseits der herrschenden Lehrmeinung Neues zu finden.
Gerade das macht die Arbeit mit organischen Materialien so interessant, so vielfältig und bereitet uns immer wieder Überraschungen und führt zu neuen Erkenntnissen. In diesem Sinne ist also auch die Beschäftigung mit organischem Düngematerial lebendiger, vielfältiger und interessanter als die Anwendung anorganischer Düngemittel nach meist starren Regeln.

1.4 Anorganische Düngemittel

Wir bezeichnen diese düngewirksamen Stoffe auch als Mineraldünger, Salzdünger, Kunstdünger; wobei das Wort „Kunst" sich darauf bezieht, daß die Wirkstoffe in Fabriken „künstlich" hergestellt werden. Hierunter fallen dann auch Vorstellungen wie „bearbeiten", „mischen", „aus Salzlösungen rückgewinnen" usw.
Wir teilen diese Stoffe in zwei Hauptgruppen ein: in *Pflanzendünger,* die im wesentlichen aus Stickstoff, Phosphor, Kali, Magnesium bestehen, z. T. versetzt mit noch anderen pflanzenwirksamen Stoffen, etwa Spurenelementen, und in *Bodendünger,* worunter wir besonders Kalkdüngemittel verstehen, aber auch Bodenverbesserungsmittel, die die Bodenstruktur verändern sollen.
Die Idee der Mineraldüngung wurde im wesentlichen von *Justus v. Liebig* (1803–

1873) formuliert; er verhalf ihr zum Durchbruch.
Liebig hatte bereits Vorgänger in seinen Anschauungen, wie *Jean Baptiste Boussingault* (1802–1887) oder *Carl Sprengel* (1787–1859). Unzählbare Wissenschaftler haben seine Gedanken fortgeführt, abgewandelt, verbessert. Das Prinzip ist aber stets gleich geblieben: Liebig formulierte seine Mineralstofftheorie, hier in kürzester Form wiedergegeben, wie folgt:

1. Eine Pflanze enthält nicht zufällig Mineralstoffe, sondern sie sind ihre notwendigen Bestandteile.
2. Pflanzen benötigen, um ausreichend ernährt zu werden, lediglich 10 Elemente – *Kohlenstoff, Sauerstoff, Wasserstoff, Stickstoff, Phosphor, Schwefel, Kalium, Kalzium, Magnesium* und *Eisen.*
3. Verschiedenartige Pflanzen brauchen auch unterschiedliche Nährstoffe nach Mengen und Anteilen.
4. Böden können Mangel an Nährstoffen aufweisen, den man durch Düngung beheben kann.
5. Humus wird von den Pflanzen nicht als Nährstoff benötigt, er ist jedoch als Lieferant und Vermittler von Nährstoffen wichtig.

Bekannt ist Liebigs Lehrsatz, daß eine Pflanze nicht gedeihen kann, wenn nur *ein* notwendiger Nährstoff fehlt, auch wenn alle anderen im Überfluß vorhanden sein mögen. Versinnbildlicht wurde diese These durch den berühmten Vergleich mit einer Kette, die nur so stark ist wie ihr schwächstes Glied, beziehungsweise mit dem Faß, bei dem die Dauben verschieden hoch sind, eine Daube aber nur eine geringe Höhe aufweist. Hier bereits läuft das Wasser aus. Es soll versinnbildlichen, daß ein höherer Ertrag als bis zur Höhe dieser Daube nicht möglich ist, auch wenn die sonstigen Nährstoffe eine höhere Leistung erwarten lassen.

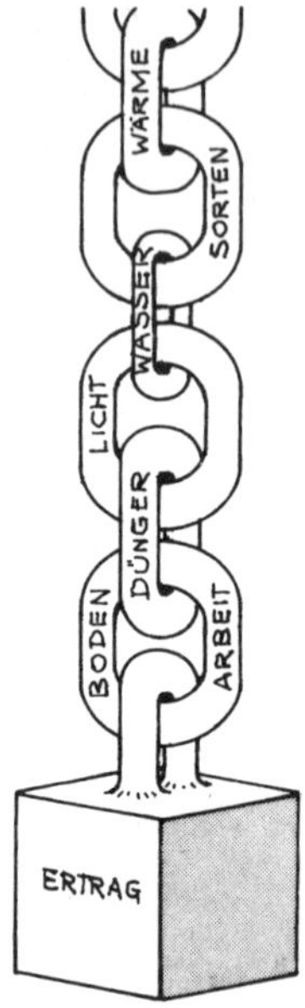

Das schwächste Glied bestimmt den Ertrag.

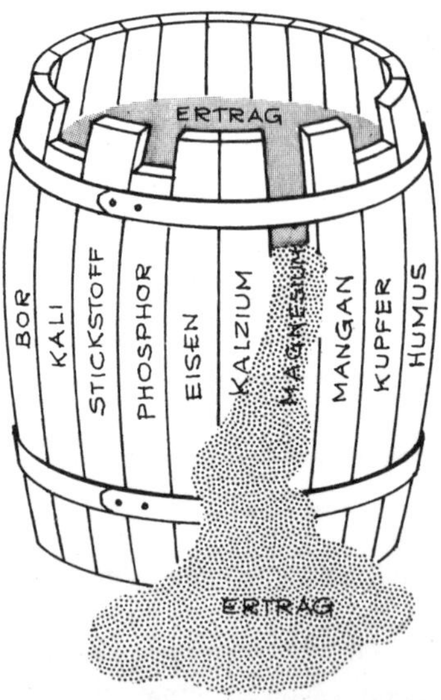

Die niedrigste Faßdaube bestimmt die Höhe des Ertrages. Das Faß könnte voll werden, würde man die „Magnesium-Daube" erhöhen = nachdüngen.

Liebig waren seinerzeit viele Dinge noch nicht bekannt, über die wir heute dank besserer Labortechnik und Weiterentwicklung der Wissenschaft Bescheid wissen. Beispiel hierfür ist der Stickstoffkreislauf bzw. Stickstoffbedarf der Pflanze. Liebig wußte, daß die Pflanze Stickstoff benötigt; er fand aber bei seinen Analysen von Pflanzenaschen keinen Stickstoff, denn er ist innerhalb der Pflanze stets an organisches Material gebunden. Wenn man dieses zu Analysezwecken verbrennt, wird der Stickstoff flüchtig, d. h. er entweicht gasförmig in die Luft. Liebig hat auch keineswegs eine mineralische Stickstoffdüngung empfohlen, sondern war der Meinung, daß die Pflanzen den ja in der Luft reichlich vorhandenen Stickstoff ausnutzen und verwenden. Weiteres über Liebig und den Stickstoffkreislauf lesen wir in Kapitel 4.

Jede Pflanze ist ein in sich vollendetes Lebewesen. Schon die Theorie, daß sie mit nur wenig Mineralstoffen alle ihre Lebensbedürfnisse befriedigen könnte, ist so abwegig wie die Vorstellung, wir Menschen könnten lediglich mit Zucker, Butter und Schweineschnitzel, vielleicht noch etwas Spurenelemente draufgepudert, gedeihen. Daß wir vermutlich zunächst dick und rund würden, mag unbestritten bleiben, daß sich aber mit Sicherheit Krankheiten einstellten, ist jedem klar. Dann müßte die Medizin helfen.

Medizin für falsch ernährte Pflanzen sind die *Pflanzenschutzmittel,* die einer einseitigen Pflanzenernährung so sicher folgen wie das Amen in der Kirche. Mag man daher unter bestimmten Aspekten in der Mineraldüngung noch Positives erkennen – der zwangsläufig nachfolgende Pestizid-Einsatz sowie dessen unkontrollierbare Langzeitwirkung haben schon manches Unheil über die Welt gebracht. Die Pestizide allein sind schon ein Grund, weswegen wir mit aller Macht von der Mineraldüngung wegstreben müssen.

Wir wollen aber weiter nachdenken: Die Pflanzenwelt hat sich in Jahrmillionen so entwickelt, wie wir sie heute kennen. Wäre es im Bauplan der Natur gelegen, daß höhere Pflanzen durch nur wenige, salzartige Hauptnährstoffe ernährt werden, so hätte sich zweifelsohne die Pflanzenernährung in *diese* Richtung entwickelt und sich nicht auf die Ernährung durch Vermittlung von Humusstoffen eingestellt. Und dieser Humus wird aus Wiederverwertung von abgestorbenem organischem Material gewonnen, aus einem „Recycling“, wie wir das heute auch nennen.

150 Jahre Mineralstoffdüngung gegen jahrmillionenlange tatsächliche Entwicklung – hier stimmt doch etwas nicht! Es stimmt genausowenig, wenn man uns heute einreden möchte, Anbau von Pflanzen ohne Pflanzenschutzmittel sei unmöglich. Bei Land- und Gartenbau *mit* Mineraldüngung mag das stimmen, nicht jedoch, wenn sich der Anbau den Naturgesetzen unterwirft. Wäre dies nicht so, so hätten wir doch heute gar keine Pflanzen mehr, sie wären alle längst den Läusen und dem vielen anderen „Ungeziefer“ oder den Pilzerkrankungen zum Opfer gefallen!

Inzwischen sind wir in der Labortechnik auch so weit, daß wir beweisen können: Pflanzen mögen Mineraldünger nicht so recht. Man maskiert Mineraldünger radioaktiv so, daß man mit Geigergeräten ihren Gang in die Pflanze und ihre dortige Verwendung verfolgen kann. Nun beobachtet man im Vergleich Pflanzen, die in einem gesunden, humusreichen Boden stehen, wo sie die Wahl haben zwischen den aus organischen Stoffen freigesetzten Nährstoffen und den anorganischen Nährstoffen gleicher Art. Die Pflanze nimmt höchstens bis zu 5% aus der anorganischen Gruppe auf – sonst aber Nährstoffe aus dem organischen Bereich. Das ist ein Beweis, den man noch in viele Richtungen ausdeuten kann. Unbestreitbar bleibt aber, daß die wissenschaftliche Forschung zum „Beweis“ der Mineraldünge-Theorie Erstaunliches geleistet und unser Wissen um die Pflanze, ihre Ernährung und ihren Lebensrhythmus wesentlich erweitert hat. Es wäre töricht, dieses Wissen heute nicht im Bereich der biologischen Düngung verwerten zu wollen.

150 Jahre Erfahrung mit Mineraldüngung gegen etwa 10 000 Jahre Überlieferung und Kenntnis der landwirtschaftlichen Methoden mit Humusdüngung – das ist ein Mißverhältnis! Dabei muß man feststellen, daß die Humuswirtschaft ja beim überwiegenden Teil der Menschheit auch heute noch angewendet wird. Andererseits aber haben sich auf die neuen Theorien so viele Organisationen eingestellt, sind Fabriken entstanden, haben sich so viele Wissenschaftler engagiert, konnten auch Arbeitserleichterungen eingeführt werden – und es wurden so auch bemerkenswerte Ergebnisse präsentiert, daß es erstaunlich wäre, wenn alle die hier mittel- oder unmittelbar Beteiligten sich leicht beeinflussen und auf die neuen – alten – Gedanken umstellen ließen! Diese nun in 150 Jahren erworbenen Positionen aufgeben? Das doch nicht! Auch bei Beweis des Irrweges wird man sie mit Zähnen und Klauen verteidigen, ständig neue Gegenbeweise vorlegen, wie gut und schön bisher alles war und daß man nun bis in alle fernere Zukunft eben so weiterackern müsse. Bataillone von Wissenschaftlern werden hierzu aufgerufen und mit Forschungsaufträgen bedacht, unterstützt noch vom Staat, der es stets mit der jeweiligen Mehrheit hält.

Und doch – es wurde schon am Anfang dieses Buches gesagt – geht das gigantische Experiment „moderne Landwirtschaft“ dem Ende entgegen. Immer mehr gut ausgebildete Gärtner und Landwirte verlassen die Schulen, sind kritisch eingestellt und sehen, daß die ständig erpreßten Höchsterträge zu Lasten ihres Erbes, des Bodens, gehen. Immer mehr Menschen werden mißtrauisch gegen allzu flotte Werbesprüche. Sie vergleichen und ziehen ihre eigenen Schlüsse. Immer mehr Mediziner auch erkennnen, daß sich viele problematische Symptome bei ihren Patienten beheben lassen, wenn natürliche Kost, Gemüse aus dem eigenen Garten verordnet wird. Kurz – das Pendel beginnt zurückzuschwingen.

Für den Verfasser ist es heute schon völlig klar, daß wir in 20 Jahren einen ganz anderen Landbau betreiben und in längstens 50 Jahren wieder gelernt haben werden, die natürlichen Gesetze richtig zu verstehen, so daß mit ihnen ganz selbstverständlich gearbeitet wird.

Doch zurück zu den anorganischen Düngemitteln: Wenige Nährstoffe, vorzugsweise wasserlöslich, daher schnell wirkend, werden also den Wurzeln zur Verfügung gestellt. Sie können jedoch nur wirken, wenn sie zum richtigen Zeitpunkt benutzt werden. Düngt man also mit einem wasserlöslichen Dünger, und es kommt kein Regen, so kann er nicht wirken. Gibt es aber zu viel Regen, so wirkt der Dünger entweder zu stark; oder er wandert in die Tiefe, so daß die Pflanzenwurzel ihn gar nicht mehr aufnehmen kann; er dringt sogar bis in die Grundwasserschichten.

Oben: *Trauben aus einem Weingut in Purbach/Burgenland, Ende September. Hier wird ausschließlich mit Tresterkompost und Gesteins- sowie mit Algenmehl gedüngt. Die Pflanzen werden zusätzlich mit Pflanzenjauchen und Gesteinsmehlspritzungen gesund gehalten.*

Unten: *Rote Portugiesertraube aus Purbach. Eine Beere zeigt ein abgekapseltes Wurmloch. Beere und Traube blieben gesund. Man sieht den Steinmehl-Spritzbelag auf den Blättern.*

Viele Überlegungen sind innerhalb der Düngerindustrie darauf verwandt worden, diesen Nachteil auszugleichen: Man entwickelte langsam lösliche Verbindungen, man umhüllte die Nährstoffverbindungen mit Kunststoffen, damit sie nur durch die osmotische Wirkung des Wassers herausgelöst werden können; man schuf völlig neue chemische Verbindungen mit entsprechend langsamer Löslichkeit usw. Stets also versuchte man, diesem Problem mit neuen *mechanischen Denkweisen* beizukommen. Den unbefangenen Betrachter mutet es oft an, als verhindere eine geistige Barriere, daß man zu natürlichen, vernünftigen Gedankengängen kommt. Dem ist aber nicht so: Die Barriere besteht aus den Forderungen der Industrie, um jeden Preis an der Mineralstoffdüngung festzuhalten und hier lieber die originellsten Erfindungen zu machen, als die Theorie zu verlassen – denn das würde ja die Selbstaufgabe bedeuten.

In allen modernen Lehrbüchern der anorganischen Düngung wird in immer stärkerem Maße auch der „Luxuskonsum" der Pflanzen, wie er mit anorganischen Düngemitteln möglich ist, verworfen. Der Landwirt aber müßte Chemiker werden, um stets die richtigen Düngermengen an die Pflanzenwurzel zu bringen. Richtige Düngermengen auch noch unterschiedlich je nach der Art und Weise, wie der betreffende Mineralstoff dargeboten wird. Kompliziert? Nein, in der Praxis einfach unlösbar.

Bei Mineraldüngung besteht daher stets die Gefahr der *Luxusdüngung,* also der Überdüngung. Wir wissen heute durch radioaktive Markierung der Mineral-Nährstoffe, daß die Pflanze keineswegs nur so viel von ihnen aus dem Boden aufnimmt, wie sie braucht – nein, sie überfrißt sich geradezu, wenn ihr entsprechende Mengen angeboten werden! Nicht benötigte Mineralien werden in Reservedepots festgelegt, zum Nachteil der Nahrungsmittelqualität. Wem ist nicht überdüngter Kohl bekannt, der schon aus dem Topf heraus riecht und gesundheitliche Schäden verursacht? Oder wasserhaltiges Gemüse, das beim Kochen nur so in sich zusammenfällt. Wer kennt nicht die Erdbeeren, Tomaten, Äpfel usw., die keinen typischen Geschmack und Duft mehr aufweisen? In Europa verdammten wir noch vor wenigen Jahrzehnten den amerikanischen „Konservengeschmack". Wir haben es inzwischen genausoweit gebracht.

Zusammengefaßt: Die Mineraldünger entstammen einer Theorie, die schon heute durch die Forschung überholt ist. Ihre nicht abzustreitenden Erfolge in der Mengenerzeugung beruhen auf der Tatsache, daß diese Theorie noch auf gesunden Böden angewandt wurde. Mit ihren reichlich vorhandenen Reservestoffen waren diese Böden befähigt, die Pflanze auch mit den Nährstoffen zu versorgen, die sie *insgesamt* benötigte. Gerade an diesen Reservestoffen wird jedoch durch einseitige Mineraldüngung Raubbau betrieben, die Böden verarmen daher an ihnen, oder sie werden im Boden in schwerlöslichen Bindungen festgelegt und sind dann nicht mehr pflanzenverfügbar. Dieser Mißbrauch der Mineraldüngung zieht gemeinsam mit der heute praktizierten Anbaumethode, der Monokultur, Pflanzenerkrankungen und Schädlingsvermehrung zwangsläufig nach sich. Wer mineraldüngt, *muß* Pflanzenschutzmittel verwenden, muß also Gifte einsetzen, um die Pflanzen zu erhalten.

Mineraldüngung kann niemals die wahren,

Oben: *Steinbruch in der Eifel zur Gewinnung von Lavagesteinen. Man erkennt unter den aufgewehten Lößschichten das dunkle Lavagestein.*
Unten: *Mahl- und Siebanlage des Lavagesteins.*

vollständigen Bedürfnisse einer Pflanze erfüllen. Mehr und mehr bekommen wir es daher mit „Kunstgewächsen“ zu tun. Kunstgewächse ergeben aber auch nur noch eine „Kunstnahrung“.

Mineraldüngung kostet mehr, als sie uns mehr einbringt. Sie ist energiefressend und daher volkswirtschaftlich nachteilig, besonders wenn man sie in Zusammenhang mit den hohen Aufwendungen des Pflanzenschutzes sieht.

Die Theorien, auf Grund deren die Mineraldüngung entwickelt wurde, sind also falsch, lebensfeindlich und teuer. Und: Wir können nicht erwarten, daß die derzeitigen Anhänger der Mineralstoffdüngung ihre Theorie freiwillig aufgeben werden; immerhin gehören zu ihnen neben der Industrie weitgehend auch die großen Organisationen des Land- und Gartenbaues und die Behörden. *Wir können aber sehen, vergleichen, schmecken und kritisch beurteilen. – Tun wir es doch!* Und werden wir insbesondere mißtrauisch und abwehrend gegenüber allen „wissenschaftlichen“ Untersuchungsergebnissen über angeblich bessere Qualitäten, hohen Gesundheitswert und was sonst noch alles behauptet wird, um agrochemische Düngemethoden zu verteidigen. Wir verewigen sonst ein Leben mit Giften, verewigen auch ein Leben, das uns immer abhängiger macht von Chemie und Maschinen.

Zum Schluß noch eine letzte Überlegung: In der Natur gibt es ausnahmslos bei allen Lebewesen das Prinzip der Krankheit, der Schwäche, des „Nichtnormalseins“. Die nicht denkenden Lebewesen wie Pflanzen oder niedere Tiere, die infolge einer schlechten Konstitution hiermit nicht fertig werden, fallen ihnen zum Opfer. Es ist die natürliche Auslese.

Wir Menschen kennen den Begriff der Heilmittel, Arzneistoffe. Gegen kranke Pflanzen haben wir die Pflanzenschutzmittel erfunden. Parasiten wie Schadpilze oder auch Insekten befallen bevorzugt kranke, das heißt nicht normale, ungesunde Pflanzen; es ist nicht anders wie bei uns auch.

Wenn heute nach dem Willen der Agrochemie unsere gärtnerischen und landwirtschaftlichen Kulturen, Blumen und Bäume bis zu 20 und mehr Mal im Jahr mit „Heilmitteln“ behandelt werden müssen, damit sie überleben oder eine normale Ernte hervorbringen – so kann doch etwas nicht in Ordnung sein! Es ist ein Beweis, daß wir gegen die Naturgesetze leben und etwas erzwingen wollen, und sei es auch unter Einsatz immer neuer Gifte. Eine Auftragswissenschaft liefert dann die „Beweise“, daß es nicht anders geht. Soll es bis in alle Zeiten so weitergehen?

Auf einem richtig und intelligent biologisch bewirtschafteten Hof oder in einem biologisch bewirtschafteten Hausgarten erlebt man dann, daß es hier die hochkomplizierten Fragen der Mineraldüngung nicht gibt und daß Pflanzenkrankheiten und Schädlinge kein Problem darstellen oder aber mit einfachen, natürlichen Mitteln beherrschbar sind. Jeder Laie fragt sich dann, wo eigentlich der richtige Weg ist. Sicher gibt es auch in diesen Gärten und Betrieben Schädlinge und Pilzerkrankungen. Aber sie nehmen nie überhand, man kann mit ihnen leben, sie gehören zum natürlichen Ablauf. Ein Schorffleck am Apfel? Erst eine völlig überzogene Gütevorstellung, die auf dem Boden chemischer Möglichkeiten entstanden ist, will uns beibringen, daß so etwas nicht duldbar sei. *Aber was alles nehmen wir für einen Apfel ohne Schorffleck in Kauf?*

Immer wieder soll uns eingeredet werden, ohne die Kunstdüngung und die sonstigen heutigen agrochemischen Methoden ginge es nicht mehr, die Menschheit müsse verhungern, die Nahrung würde unangemes-

sen verteuert. Man übersieht aber, daß auch die Wissenschaft in den biologischen Methoden fortgeschritten ist und diese heute nicht mehr vergleichbar sind mit den Anbaumethoden unserer Urgroßeltern.
Die heutigen chemischen Mittel und Düngemittel sind ja ebenfalls nicht mehr vergleichbar mit denen von vor 50 oder gar 100 Jahren. Hier weist man auf Fortschritt hin, bestreitet aber zugleich jeden Fortschritt in der biologischen Landwirtschaft.

Anorganisch nennt man solche Düngemittel, die nicht aus dem Reich der Natur stammen, sondern entweder synthetisch hergestellt wurden aus der Luft, aus Mineralien, Salzen, Meeresablagerungen usw. und zudem noch konzentriert, umkristallisiert, angereichert, kurz, bearbeitet wurden. Natürlich entstammen sie in der Mehrzahl auch „aus der Natur". Ein Kalisalz, Magnesiumsalz, ein Phosphat aus der Sahara ist ja kein unnatürliches Produkt. Jedoch es ist bisher nicht im Kreislauf des Lebendigen gewesen, ist nicht organisch gebunden, mit organischen Stoffen angereichert oder sonst irgendwie der *lebendigen* Natur entnommen.
Woraus bestehen nun diese Düngemittel im einzelnen: Als Hauptnährstoff, als „Motor des Wachstums" wird der *Stickstoff* angesehen. Unter Mißachtung der Tatsache, daß Stickstoff in der Luft überreichlich zur Verfügung steht – über jedem m^2 Bodenfläche steht eine Stickstoffsäule von über 6000 kg –, führt man ihn in wasserlöslicher Form der Pflanzenwurzel als Direktnahrung zu. Geschah dieses bis zum Ende des 1. Weltkrieges in Form von Salpeter, vor allen Dingen bekannt als Chilesalpeter, so wirkte sich ab dieser Zeit die Erfindung von *Haber* und *Bosch* aus, synthetische Stickstoffdüngemittel durch technische Bindung des Luftstickstoffs zu gewinnen.
„Der Krieg ist der Vater aller Dinge", er beschleunigte die Entwicklung dieser Herstellungsmethode, denn man brauchte Stickstoff, d. h. Salpeter, zur Munitionsherstellung. Als der Krieg zu Ende war, suchten die Fabriken neuen Absatz und fanden ihn in der Landwirtschaft. So gewonnener Stickstoffdünger ist also tatsächlich im Sinne des Wortes ein „Kunstdünger".
Der Stickstoff wird dabei heute in den verschiedensten Formen angeboten: als Ammoniak, Ammoniumsulfat, Kalksalpeter, Ammonnitrat, Kalkammonsalpeter, Ammonsulfatsalpeter usw.
Alle diese Stoffe basieren auf dem erwähnten *Haber-Bosch-Verfahren,* in dem der Luftstickstoff mit Wasserstoff unter hohem Druck und bei hoher Temperatur zu Ammoniak verbunden wird. Die Produktion ist energieaufwendig, die Faustformel lautet: für 1 kg Stickstoffdünger muß 1 l Öl als Energieträger aufgewandt werden. Statt Öl kann man auch Elektrizität oder Kohle ansetzen. In Energie-Einheiten bleibt sich die Rechnung gleich.
Da wir nicht mit reinem Ammoniakgas düngen können, sondern dieses in die vorerwähnten Salze überführen, bringen wir gleichzeitig hohe Mengen Ballaststoffe in den Boden ein. Sie summieren sich im Lauf der Jahre und tragen mit dazu bei, den Boden zu versalzen, „unorganischer" werden zu lassen. Fragt man einen erfahrenen biologischen Anbauer, was seiner Ansicht nach in der modernen Landwirtschaft die schädlichsten Auswirkungen hat – Kunstdünger, Schädlingsbekämpfungsmittel, Bodenbearbeitung usw. –, so erhält man spontan die Auskunft, daß mit dem künstlichen Stickstoffdünger alles Übel begonnen hat. Alle nachfolgenden Mittel und Methoden sind nur die Folge seiner überhöhten Anwendung.
Es folgen die *Phosphatdünger,* das heißt

also Stoffe, die das Nährelement Phosphor als aufnehmbares Phosphatanion enthalten, bzw. nach Umsetzungen im Boden Phosphatanionen freisetzen. Es sind Düngemittel in Form wasserlöslicher Salze bzw. Verbindungen, die das Phosphatanion über das Bodenleben freigeben. So z. B. Kalziumphoshat, das aus Gesteinsmaterial gewonnen wird, Eisenphosphat und Aluminiumphosphat, das bei der Eisenverhüttung entsteht, Dikalziumphosphat oder auch sogenannte Apatite, die in diversen Böden vorhanden sind. Es gibt jedoch auch organische Phosphatverbindungen aus Zähnen und Knochen uralter Tierwelten, die man beispielsweise in Marokko und Algerien als Phosphorit abbaut.
Alle diese Phosphatgrundstoffe gehören zu den knappen Rohstoffen der Welt. Das Problem besteht darin, die meist nur wenig ausnutzbaren Rohphosphate mechanisch oder chemisch so aufzubereiten, daß sie pflanzenverfügbar werden. Vorwiegend geschieht das durch Vermahlung, aber auch durch chemische Veränderung. Insoweit sind auch Phosphatdünger als Kunstdünger zu bezeichnen, denn ihre Herstellung ist ohne die Kunst der chemischen Industrie nicht möglich, ausgenommen sind hiervon die organischen Rohphosphate aus den vorerwähnten Lagerstätten, die nur mechanisch aufgearbeitet werden.
Während man den Stickstoff als „Lebensmotor" der Pflanze bezeichnet, gilt Phosphor als Nährstoff, der für Blüte und Fruchtbildung verantwortlich ist. Der richtige Einsatz der verschiedensten Phosphatdünger hängt weitgehend von der Bodenstruktur und der chemischen Beschaffenheit des Bodens ab. Es ist eine Wissenschaft für sich, die einzelnen Phosphatdünger jeweils richtig nach den vorhandenen Bodenverhältnissen auszusuchen. Dies besonders deshalb, weil Phosphor ja selten allein vorliegt, sondern mit Ballaststoffen verbunden ist wie Kalzium, Schwefel, Mangan, Natrium oder Magnesium. Es sind im Grunde also Mehr-Nährstoffdünger.
Als dritter Hauptnährstoff gilt *Kalium.* Es zeichnet verantwortlich für den Wasserhaushalt der Pflanzen, ihre Kältefestigkeit und Holzbildung.
Kali wird vorzugsweise aus Salzlagerstätten gewonnen und dann durch Umkristallisierung oder bestimmte chemische Reaktionen auf den gewünschten Kalidüngertyp hin verarbeitet. Hauptballaststoff der Kalidünger ist Kochsalz, Magnesiumchlorid, wie auch Sulfat. Stammt das Kali auch aus alten Salzablagerungen von Urmeeren, so ist dieser Dünger zweifelsohne ein Kunsterzeugnis, denn ohne die erwähnten Umkristallisationen wäre das bergmännisch gewonnene Urprodukt nicht düngemäßig verwendbar.
Kalidüngemittel sind wasserlöslich, ihre hohe Salzkonzentration wirkt negativ auf das Bodenleben und hier insbesondere auf die Würmer.
Auch *Magnesium* rechnet man heute zu den Hauptnährstoffen. Es wird aus basischen Mineralien gewonnen, z. B. aus Olivin, Biotit, Magnesit oder Dolomit. Wasserlösliche Magnesiumsalze dagegen liegen in Gemeinschaft mit Kaliumsalzen vor und werden durch bestimmte Lösungsverfahren von diesen getrennt. Die Bedeutung des Magnesiums als Dünger ist im Lauf der Jahre immer wichtiger geworden, da mit übermäßiger Kalidüngung Magnesium im Boden festgelegt wird, so daß es von den Pflanzen nicht aufgenommen werden kann. Die Gefahr der Überdüngung mit Magnesiumdüngern ist relativ gering, auch ihre Bodenschädlichkeit hält sich in Grenzen, vorausgesetzt es liegen keine Magnesiumverbindungen mit Schwefel oder Chlor vor.
Auf die *Kalzium-, Sulfat-, Mangan-,* wie

auch auf die *Spurenmetalldünger* soll hier nicht im einzelnen eingegangen werden. Es sind Spezialprodukte, die langfristig die Pflanzenversorgung sicherstellen sollen.
Alle die genannten Düngemittel werden in vielfältigster Form als Einzelnährstoffdünger angeboten, sie liegen aber auch in Mischungen der verschiedensten Art untereinander vor. Bekannt sind dabei die „NPK-Düngemittel" (Stickstoff-Phosphor-Kalium), zum Teil noch zusätzlich mit Magnesium versetzt, die man auch als „Volldünger" bezeichnet. Viele enthalten auch noch einige wichtige Spurenelemente, wie Bor, Eisen, Schwefel, Zink.
Die richtige Auswahl der Mineraldünger setzt subtile Kenntnis von Boden, Pflanzenproduktion, Niederschlagsmengen usw. voraus. Wer mit diesen Düngemitteln arbeitet, sieht seinen Boden nicht als eine Lebensgemeinschaft, er sieht ihn als ein Substrat an, in dem die Pflanzenwurzeln Halt finden. Er übersieht dabei, daß die Pflanze neben den angebotenen Hauptnährstoffen und einigen Spurenelementen auch noch organische Stoffe aus dem Boden aufnimmt, die sie zu ihrem Leben benötigt. Der Boden verarmt also gerade an diesen sonstigen Nährstoffen, die nun nicht mehr regelmäßig zugeführt werden. Die Humusneubildung aus zersetzten Pflanzenteilen, besonders des Wurzelbereiches, und aus Kompost- und Stallmistgaben ist meist zu gering, um den Mangel an Neben-Nährstoffen ausreichend zu ersetzen. So kommt es, daß bei stetem Einsatz anorganischer Düngemittel über viele Jahre der Humusgehalt der Böden sinkt und heute die vielfache Menge an Nährsubstanzen zugeführt werden muß als noch vor einigen Jahren, *damit gleiche Erntemengen* erzeugt werden.
Zwar wird mit dem Argument geworben, daß heute drei- bis fünfmal soviel der Nahrungsmittel auf gleicher Bodeneinheit produziert werden wie vor 50 Jahren. Man vergißt aber zu erwähnen, daß die Zufuhr von anorganischen Düngemitteln dabei bis zum 20-, in Extremfällen bis zum 50fachen gegenüber der Zeit vor 50 Jahren erforderlich ist, um diese Leistung aufrechtzuerhalten! Machen wir noch 50 oder gar 100 Jahre so weiter, so sind unsere Böden tot, sie dienen dann nur noch als Basis für eine Hydrokultur.
Allerdings ist das Extremdenken – die Umbesinnung hat begonnen, auch im Bereich der Agrochemie. Vergleicht man die Ausführungen der Hersteller organischer Düngemittel heute mit Werbeschriften der Hersteller anorganischer Düngemittel, so stellt man Annäherungen fest. Es wird immer wieder die humusbildende Nebenwirkung über verstärkte Pflanzenproduktion durch anorganische Mittel betont – die Gedanken bewegen sich aufeinander zu. Aber auch wenn sie sich auf einer mittleren Linie treffen würden – der Gegensatz zur rein organischen Düngung bleibt bestehen.

Kapitel 2: Geschichte der Düngemittel

Eine umfassende Geschichte der Düngemittel und ihrer Anwendung könnte so spannend sein wie ein Kriminalroman – es ist ein Gutteil der menschlichen Entwicklungsgeschichte. Genauso wie Hunger und Seuchen mehr Kriege entschieden haben als das Schwert, genauso haben die immer fortschrittlicheren landbaulichen Methoden die kulturelle Entwicklung der Menschheit vorangetrieben.

Wenn Völker in fruchtbaren Flußtälern den Neid anderer erregten und Kriege um solche Gebiete geführt wurden, so war es immer ein Kampf um die Nahrung. Wenn sich in solchen Gebieten schneller Hochkulturen entwickelten, so deshalb, weil hier nicht das tägliche Brot die Hauptsorge war. Ein ausreichendes Nahrungsangebot setzte Zeit und Kräfte frei für höhere Gedanken an Kultur, Kunst und Religion.

Hochkulturen, Erfindung der Schrift, ein geordnetes Rechtswesen, entstanden nur in Gebieten, in denen es die Menschen verstanden hatten, hohe Ernteerträge zu erwirtschaften und den Boden fruchtbar zu erhalten. Voll Staunen liest man in Ausgrabungen alter Tontafelbibliotheken aus dem Zweistromland exakte Anweisungen über geregelte Felderüberflutung mit fruchtbarem Euphratwasser – das war Düngung! –, über Pflanzung und Vermehrung von Bohnen, Wein, Hirse und anderen Kulturpflanzen. Welche unendlich lange landbautechnische Erfahrung mußte bereits vorgelegen haben, bis man diese Anweisungen so präzise schriftlich formulieren konnte! Wir lesen auch, daß die Asche der häuslichen Herde gesammelt und aufs Feld gebracht werden sollte – das war Kalidüngung! –, von der Pflicht, Fäkalien zu sammeln, um hieraus Dünger zu gewinnen, wie auch von der Kompostgewinnung aus Haushaltsabfällen.

In vielen von uns als primitiv eingestuften Völkern haben sich diese alten Methoden bis auf den heutigen Tag fast unverändert erhalten. Sie waren in der Lage, eine stets wachsende Bevölkerung zu ernähren!

Überzeugendes Beispiel hierfür ist China: Eine bis in die Vorzeit zurückreichende Tradition der Garten- und Kompostwirtschaft brachte es fertig, die ständig wachsende und heute riesig zu nennende Bevölkerung zu ernähren. Kritiker werden jetzt einwerfen, daß es auch in China ständig Hungersnöte gegeben hat. Wo gibt es die nicht? Gegen Wetterunbilden vermag selbst die Agrochemie nichts auszurichten. Zudem war dieses Land stets so in sich gekehrt, andererseits so riesengroß, daß es Mißernten nicht durch Importe aus anderen Gebieten überbrücken konnte. Tatsache bleibt jedoch: Humuswirtschaft erzeugt heute für weit über 1 Milliarde Menschen ein ausreichendes Nahrungsangebot!

Das Gegenbeispiel liegt vor unserer Haustür: Ägypten. Dort sicherte die Düngewirtschaft über das fruchtbare Nilwasser die ausreichende Ernährung einer stets wachsenden Bevölkerung. Nun baute man den Assuan-Staudamm, die traditionelle Überschwemmung der Äcker unterblieb; man wandte sich notgedrungen den Mineraldüngemitteln zu – und handelte sich damit ein Problem nach dem anderen ein. Die traditionelle landwirtschaftliche Struktur hat sich völlig verändert, Ägypten ist zu einem Dünger- und Nahrungsmittel-Import-Land geworden.

So könnte man Land für Land betrachten und würde feststellen, daß stets dann,

wenn die traditionellen, in Jahrtausenden gewachsenen natürlichen Anbaumethoden, die samt und sonders auf der Humuswirtschaft basieren, zugunsten moderner, agrochemischer Landbaumethoden verändert wurden, Probleme bis dahin unbekannten Ausmaßes auftraten. Man konnte sie nur dort beherrschen, wo dank gut ausgebildeter Landwirte, umfassender Technik, hochentwickelter Chemie und *immer mehr Geld* eine ganz andere Produktion von Nahrungsmitteln entstand. Bisher jedenfalls hat die sehr kurze Geschichte der Agrochemie noch nicht bewiesen, daß sie den alten, ja ebenfalls ständig fortschreitenden Methoden der Humuswirtschaft sich wirklich überlegen zeigte.
Woraus bestanden nun die Düngemittel dieser Humuswirtschaft?

2.1 Die Wirtschaftsdünger

Als der Geist des Menschen sich über den des Tieres erhob, begann er mit bewußtem Beobachten der Vorgänge seiner Umwelt, um diese für seine Bedürfnisse auszunutzen. Es kann einem denkenden Wesen nicht verborgen geblieben sein, daß überall dort, wo beispielsweise Tierkot auf die Erde fällt, dieser die Pflanzen besser wachsen läßt, daß verrottetes Pflanzenmaterial wieder zu Erde wird, diese sich aber ebenfalls als fruchtbarer zeigt als die Umgebung.
Ähnlich mag es mit anderen organischen Düngemitteln gewesen sein, wie schlammreichen Flußwässern, Holzaschen, Tierkadavern usw. Kurz, die Verwendung der natürlichen Düngemittel wie auch der wirtschaftseigenen Dünger hat sich aus der Beobachtung wiederholter, überlegter Anwendung entwickelt. Man wird festgestellt haben, daß Fäkalien vom Vieh, besonders wenn es in Ställen konzentriert gehalten wird, wie natürlich auch aus den Abfallgruben der Menschen selber, düngekräftiger sind als Abfälle aus verrotteten Pflanzen. Genauso wird man bemerkt haben, daß verrottetes Stroh oder Laub eine andere Wirkung zeigt, als wenn man diese mit Fäkalien versetzt.
Wir wissen das alles nicht im einzelnen und können auch die geschichtliche Entwicklung dieser Erkenntnisse nicht nachvollziehen. Wie schon einmal erwähnt, zeigten schon die heute bekannten ältesten schriftlichen Aufzeichnungen eine fast vollendete Kenntnis des Ackerbaus und damit der Düngewirtschaft. Schon früh kannte man auch den Intensivanbau, zumindest in der Umgebung großer Städte. Wenn wir lesen, daß um die Zeitenwende Alexandria bereits 600 000 Einwohner hatte – ja, dann muß doch auch die Ernährung dieser Bevölkerung funktioniert haben! Sie kann aber nur so weit organisiert gewesen sein, wie ein Ochsenfuhrwerk in einem überschaubar kurzen Zeitraum, etwa einem Tag, fahren konnte. Logisch, daß innerhalb dieses Radius von etwa 30 km die natürliche Fruchtbarkeit des jungfräulichen Bodens bald erlahmte. Genauso logisch aber auch, daß die Menschen es verstanden haben müssen, die Bodenfruchtbarkeit zu erhalten, denn sonst hätten sich diese Städte nicht jahrhundertelang an gleicher Stelle behaupten können. Wir wissen im einzelnen nicht mehr, wie man das alles gemacht hat, und können nur gedanklich nachvollziehen, daß die Erhaltung der Bodenfruchtbarkeit ein funktionierendes System der Düngung mit wirtschaftseigenen Düngern, geordneter Bewässerung und guter Bodenbearbeitung voraussetzte.
Die Herstellung und der Einsatz aller Wirtschaftsdünger beruhen also auf Erfahrungswissen. Zu diesem gesellte sich später wissenschaftliche Forschung. Die prak-

tische Anwendung dieser Wissenschaft mag uns mitunter primitiv anmuten gegenüber derjenigen der Agrochemie. Sie ist es aber durchaus nicht, denn sie hat die Weisheit der uralten Humustheorie bestätigt und weitergeführt.
Formuliert wurde diese Humustheorie einstmals von *Aristoteles* (384–322 v. Chr.). Er sagte: „Die Pflanze ernährt sich von Humusstoffen, die sie mit den Wurzeln aus dem Boden aufnimmt; nach dem Absterben wird sie wieder zu Humus und Humusstoffe sind daher Dünger." Mehr als 2000 Jahre richtete sich die Landwirtschaft danach. Sie wurde von einem ihrer letzten großen Verfechter, von *Albrecht Daniel Thaer* (1752–1828) noch einmal so formuliert: „Die Fruchtbarkeit des Bodens hängt eigentlich ganz vom Humus ab; denn außer Wasser ist er es allein, der den Pflanzen die Nahrung gibt. So wie der Humus eine Erzeugung des Lebens ist, so ist er auch eine Bedingung des Lebens. Ohne ihn läßt sich kein individuelles Leben denken."
Dann kam um 1840 die durch *Justus von Liebig* begründete Mineralstofftheorie, die sich heute langsam wieder verabschiedet, indem sie sich mit vielen Gedanken der Humustheorie verbindet. Kein modernes Lehrbuch bestreitet mehr den Wert des Humusanteiles im Boden, ja setzt diesen sogar voraus für ein Funktionieren der Mineraldüngung. Das alles sind jedoch nur Hilfskonstruktionen. Frei machen können wir uns nur, wenn wir das Nährstoffdenken, das Manipulieren mit Nährstoffersatz endlich aufgeben. Wenn wir uns dazu bequemen würden, wirklich die Stoffe, die wir der Natur entnehmen, ihr auch wieder vollständig zurückzugeben und nicht in die Müllgrube zu werfen. Dann hätten wir ja alle die Nahrung, die die Pflanze braucht, und könnten sie ihr über eine geordnete Kompostwirtschaft wieder zuführen.
Ist das weltfremde Theorie? Nein, es wird praktiziert in vielen Teilen der Erde und auch heute schon in vielen Gegenden Europas. Es wäre alles machbar. Leicht wäre dieses vollständige Recycling zu bewerkstelligen, sogar leichter und mit weniger Geld zu organisieren als die Riesenaufgaben, die nun durch den nicht mehr verdrängbaren Umweltschutz und die Beseitigung der bereits entstandenen Schäden auf uns zukommen.
Vielleicht werden in einigen Jahren Kompost und gute Düngemittel wieder so geschätzt wie im Altertum. Damals waren Düngestoffe so wertvoll, daß ihr Diebstahl unter strengster Strafe stand. Die Sage berichtet, daß dem *Stercutus* für die Erfindung des Düngens von den Göttern die Unsterblichkeit verliehen wurde, ein Tempel war ihm geweiht. Und der berühmte römische Staatsmann *Cato der Ältere* (234–149 v. Chr.) schrieb in einem seiner Bücher über die Maxime des guten Ackerbaues: „Das ist gutes Pflügen, gutes Pflegen und gutes Düngen."
Der Gartenbesitzer, aber auch der Fachgärtner und der Landwirt sind nicht in der Lage, alle die verschiedenen wirtschaftseigenen Dünger selbst zu produzieren – hierzu ist eine volle bäuerliche Wirtschaft mit Tierhaltung notwendig. Das bedeutet jedoch nicht, daß man auf tierische Düngestoffe verzichten muß, die Industrie der organischen Düngemittel liefert uns alle die Produkte, die wir nicht selbst produzieren können, sei es Rindermist, seien es Horn- und Blutmehl oder Tierhaare. Es sind die alten wirtschaftseigenen Dünger; sie fallen aber, da sie verpackt sind und gehandelt werden, nun unter den Begriff der „Organischen Handelsdünger."

2.2 Organische Handelsdünger, ihre Rohstoffe und Herstellung

Unter dem Begriff „Organische Handelsdünger" werden bevorzugt Produkte verstanden, die von Tierabfällen stammen, da diese hohe und wertvolle Nährstoffanteile besitzen. Neuerdings werden aus Mangel an genügend Tierabfallprodukten in steigendem Maße auch Pflanzenrückstände verwendet, besonders aus ölhaltigen Früchten, da diese hoch energiehaltig sind. Es handelt sich beispielsweise um Preßrückstände von Ölsaaten, von Sonnenblumenkernen, Erdnüssen, um Weintraubenkerne usw. Aber auch ganze Pflanzen, getrocknet und vermahlen, werden verwendet. Soweit sie aus dem Meer stammen, also stark wasserhaltig sind, preßt man sie nur aus. Gerade Erzeugnisse aus Meeresalgen gewinnen infolge ihres hohen Spurenelementanteiles, Aminosäuren und der wertvollen Inhaltstoffe des Meerwassers ständig an Bedeutung.

Eine weitere Gruppe der Handelsdünger betrifft solche Produkte, die nur in sehr geringen Mengen eingesetzt zu werden brauchen und trotzdem hohe Effekte ausüben. Es sind Hefepräparate, pflanzliche Hormonstoffe, tierische Aminosäuren, Bakterienpräparate wie auch Kräutermischungen der verschiedensten Art. Die Anwendung dieser Erzeugnisse ist eigentlich ein Beweis dafür, daß keineswegs nur die Menge zugeführter Nährstoffe entscheidend ist für gesunde pflanzliche Entwicklung, vielmehr ermöglichen oft nur Spuren reaktionsauslösender Stoffe ein gedeihliches Wachstum, vorausgesetzt, die allgemeinen Bodenverhältnisse stimmen.

Letztlich rechnet man noch eine Reihe anorganischer Präparate in diesen Bereich hinein. Hierzu zählen *Kalke,* bevorzugt solche, die aus tierischem oder pflanzlichem Leben stammen, wie Muschel- oder Korallenkalke bzw. Algenkalke, sowie *Gesteinsmehle* und *Tone,* die als sogenannte Ernährungsvermittler, als Ionenaustauscher zwischen düngewirksamen Stoffen und Pflanzenwurzel unverzichtbar sind.

Seit einigen Jahren drängt sich noch eine Gruppe in dieses Düngemittelkonzept. Es sind die bereits aufbereiteten und getrockneten *Humusprodukte, Klärschlämme, Pflanzerden* usw. Ihre Art und Zahl wird immer vielfältiger. Sie charakterisieren sich nach dem Ausgangsmaterial. Wir kennen heute Torf- und Rindenhumus sowie spezielle Arten von Humuserzeugnissen für jeweils bestimmte Anwendungszwecke (Aussaat, Flächenbedeckung, Spezialkulturen). Klärschlämme werden verarbeitet und getrocknet angeboten, sie werden als Hilfsmittel bei der Humuserzeugung eingesetzt, ja sie werden unter bestimmten Voraussetzungen sogar direkt auf die Felder gebracht.

Soweit es sich bei den organischen Handelsdüngern um Einzelprodukte aus Tierabfällen handelt, werden die meistverwendeten Erzeugnisse nachfolgend beschrieben:

Blutmehl in feinstpulverisierter Form ist ein hochwertiger, schnellwirkender organischer Stickstoffdünger. Man nimmt es zur Kopfdüngung während der Reife- und Fruchtzeit. Man setzt es dem Kompostmaterial zu, um eine schnelle Bakterienentwicklung zu erreichen; ebenso gerne werden Blutmehle aber auch im Blumengarten, auf dem Rasen verwendet, wenn es darauf ankommt, schnell den Pflanzen eine notwendige Stickstoffzufuhr zukommen zu lassen.

Hornmehl besteht aus vermahlenen Tierhörnern und -hufen, wobei die Vermahlungsfeinheit für den späteren Einsatz wichtig ist: allerfeinste Vermahlungen wirken ähnlich spontan wie Blutmehle. Man kann mit einem Wirkungsbeginn schon nach etwa 10 bis 14 Tagen rechnen. Die nächste Mahlstufe ist so wie feiner Grieß; hier braucht das Bodenleben natürlich längere Zeit, um diesen Nährstoff zu verdauen, um den organisch gebundenen Stickstoff für die Pflanze aufzubereiten. Mit einem Wirkungseintritt von 4 Wochen muß man schon rechnen. Zum dritten kennen wir den groben Schrot, so groß wie ein kleiner Fingernagel. Hier erwarten wir Wirkungen erst nach frühestens 8 Wochen. Mischt man nun diese verschiedenen Vermahlungsgrade untereinander, so hat man einen über die ganze Saison hin fließenden Stickstoffnachschub aus rein organischem Material.

Ein weiteres wichtiges Produkt ist das *Knochenmehl.* Es dient zur Phosphor- wie auch Kalkversorgung des Bodens. Verwendet werden praktisch alle Knochenabfälle aus den Schlachthäusern. Sie werden mit Heißdampf behandelt, um schädliche Bakterien zu töten, und teilweise auch mit Lösungsmitteln entfettet. Anschließend erfolgt die Vermahlung zu einem feinen weißen Pulver. Beim Einkauf von Knochenmehlen vergewissere man sich, daß diese nicht mit Tetrachlorkohlenstoff bzw. anderen giftigen Lösungsmitteln entfettet wurden. Diese Lösungsmittel können aus dem Mehl nicht gänzlich entfernt werden, sind also negativ für das Endprodukt.

Die *Ledermehle* dienen als stickstoff- und phosphorreiche organische Nährstoffe. Ihre Bedeutung hat jedoch abgenommen, da kaum noch mit natürlichen Gerbsäuren, wie etwa Tannin, gegerbt wird. Heute überwiegt die Chromgerbung, wodurch bei reinem Ledermehl oder einem hohen Ledermehlanteil in einem Mischdüngemittel zuviel Chrom – also ein schädliches Schwermetall – in ein Fertigprodukt hineinkommen würde.

Verwendet werden *Haare und Federn* (Schweineborsten, Wollreste aus Kämmereien, Hühnerfedern), sei es als Industrieabfälle, sei es direkt aus Schlachthöfen, jeweils feinst gehäckselt, als stickstoffreiches Material.

Verwendet werden ebenfalls Überschüsse oder Fehlproduktionen aus *Milch,* also tierischem Eiweiß, anfallend bei der Trokkenmilchherstellung, der Käserei usw. Aufgrund des hohen Eiweißgehaltes sind es Stickstoffdünger, die jedoch oft noch mit einem Phosphat, beispielsweise Kalziumphosphat, versetzt werden.

Verwendet werden *Fischmehle* aus der Fischverarbeitung mit einem hohen Stickstoff- und Phosphoranteil.

Und selbstverständlich ist hier die große Palette der *Fäkaldünger* zu nennen. Sie werden getrocknet, gemahlen, mitunter noch sterilisiert, so daß sie in hygienisch einwandfreier Form vorliegen. Hierzu zählen von alters her der bekannte Guano, also der Kot der Seevögel von Meeresküsten, z. B. von Chile oder der afrikanischen Westküste. In der Bundesrepublik Deutschland wird in steigendem Maß aber auch aus den Hühnermassenhaltungen der dort gewonnene Hühnerkot getrocknet und vermahlen.

Hervorragend bewährt haben sich getrocknete Rinderkote. Sie sind meist strohfrei, da der Kot in den modernen Schlämmställen (Ställen mit Schwemm-Entmistung) laufend abgeführt und anschließend sofort getrocknet wird. In Europa geschieht dies unter hohem Energieaufwand – in Kalifornien macht das die Sonne. Alle Rinderkote sind Volldünger, das heißt, sie enthalten auch Kalium und viel Humusanteile.

Alle diese Düngestoffe werden einzeln verkauft wie auch in *Herstellermischungen* angeboten. Der Hersteller ist dabei nicht verpflichtet, die Materialien, aus denen der Fertigdünger besteht, im einzelnen anzugeben. Er muß lediglich gemäß Düngemittelgesetz den Anteil der wertgebenden Hauptnährstoffe auf den Packungen aufführen.

Der kenntnisreiche biologische Anbauer, der Großverwender, wird daher unter den Möglichkeiten, die ihm die Einzeldünger bieten, selber auswählen; der Kleinanwender verläßt sich auf z. T. seit Jahrzehnten bewährte Düngermischungen der Herstellbetriebe.

Organische Dünger aus Pflanzenproduktion: Aus Mangel an preiswerten Düngemitteln aus der Tierverwertung ging man in den letzten Jahren immer mehr dazu über, auch Stoffe aus der Pflanzenproduktion einzusetzen. Verwendet werden energiereiche Rückstände aus Früchten, die schon vorher für andere Zwecke ausgenutzt wurden. Bekannt sind *Rizinusschrot,* ein Preßrückstand aus den Saaten der Rizinuspflanze, deren Öl technisch und medizinisch Bedeutung hat. Die Preßrückstände enthalten immer noch hohe Mengen des energiereichen Öles. Sie wirken als Stickstoff-Humusdünger.

Auch *Traubenkerne,* die bei der Pressung von Weintrauben anfallen, werden geschrotet und entweder das Öl ausgepreßt oder aber auch der Schrot als solcher verkauft. Auch sie sind hoch energiehaltig und besitzen zudem durch ihren Gerbsäuregehalt noch eine besonders günstige Wirkung auf den Boden.

Verwendet werden *Ölrapsschrot, Sonnenblumenkerne, Erdnüsse* usw., kurz, Pflanzensamen, deren Öl vorher schon ausgepreßt wurde, die aber auch nach der Pressung noch einen relativ hohen Ölanteil besitzen, verbunden natürlich mit ihren Ballaststoffen, die später zu Humus werden. Alle diese Produkte gelten als stickstoffreiche organische Dünger.

Eine alleinige Verwendung dieser Ölschrote auf dem Feld sollte jedoch nicht erfolgen, es könnte sonst eine verstärkte Schimmelbildung und Verpilzung eintreten, auch können sich Toxine bilden, die dem Boden und den Pflanzenwurzeln nicht guttun! Ihrem Einsatz in Mischungen mit anderen düngewirksamen Stoffen steht jedoch nichts im Wege. Beim Ausstreuen von Rizinusschrot ist Vorsicht geboten: Bei allergisch reagierender Haut kann es zu schweren Reizerscheinungen kommen. Man sollte daher vorsichtshalber stets Handschuhe anziehen oder entsprechende Geräte verwenden.

Dieser Gruppe sind *Meeresalgenprodukte* hinzuzurechnen, die sich in den letzten Jahren einen stets größeren Markt erobern konnten. Vorwiegend sind es Braunalgen der Art *Ascophyllum nodosum.* Sie werden gewonnen aus den riesigen Algenfeldern der Atlantikküste wie auch der Nordsee. Die Algen werden regelrecht abgefischt, getrocknet und anschließend schonend bei niederen Temperaturen gemahlen. Neuerdings werden sie auch in feuchtem Zustand ausgepreßt, um Flüssigextrakte zu erhalten. Je schonender die Bearbeitung dieser Pflanzen, um so größer ist ihre spätere Wirksamkeit. Neben ihrer Nährwirkung in vielen Mineralbereichen (Kalkkarbonat, Magnesiumkarbonat, Kieselsäure u. a.), ihrem Gehalt an Aminosäuren und Proteinen, zeichnen sie sich durch einen ungewöhnlichen Spurenelementreichtum aus und hierbei besonders in den wichtigen Halogenen Jod und Brom, die in unseren sonstigen Spurenelementdüngern kaum vorhanden sind.

Die Bauern an den Küsten wußten schon lange von der erstaunlichen Wirkung dieser Pflanzen, sie haben die angeschwemmten Tangrückstände seit Jahrhunderten kompostiert und ihre Felder damit gedüngt.

Die Berichte über die Wirkung der Algenprodukte sind mitunter überschwenglich: Der Wuchs der Pflanzen soll kräftiger sein, der Geschmack der Nahrungsmittel besser, die Farben der Blüten prächtiger. Die Pflanzenkräftigung im Sinne der Gesunderhaltung sei hervorragend, eine gute Algendüngung wie auch später ein Überbrausen der Pflanzen mit Algenextrakten sichere Pilzresistenz wie auch Schädlingsfreiheit zu. Selbst der sonst so schwer bekämpfbare Botrytispilz würde, bei gleichzeitig biologischer Bodenbearbeitung, kaum noch auftreten.

Der Verfasser ist diesen Berichten nachgegangen und hat sie teilweise bestätigt gefunden, und zwar sowohl bei der Anwendung auf dem Boden wie auch als Spritzmittel zur Stärkung der grünen Pflanzenteile. Die Wirkung scheint zumindest denen bester Pflanzenjauchen zu entsprechen.

Die Algenprodukte insgesamt sollten hinsichtlich ihrer Einsatzmöglichkeiten noch langfristig untersucht werden – sie scheinen, trotz ihres durch die Herstellung bedingten hohen Preises, ein außerordentlich gutes Material für den biologischen Anbauer zu sein.

Hefeverwertung, Aminosäure-Düngemittel, Spurenelementdünger: Die in dieser Gruppe zusammenzufassenden organischen Düngemittel, auch wenn sie, wie die reinen Spurenelementdünger, eigentlich in den Bereich der anorganischen Produkte fallen, zeichnen sich dadurch aus, daß sie bei geringster Einsatzmenge erstaunliche Wirkung hervorrufen. Man sollte sie als „Initialzünder" zur Ankurbelung wichtiger Prozesse im Boden und in der Pflanze ansehen, nicht als eigentliche Düngemittel mit bestimmten Nährstoffwerten.

Sie regen also etwas an, sie beheben auch möglicherweise einen vorliegenden Mangel an Spurennährstoffen, deren kompliziertes Zusammenspiel für Lebensprozesse aller Art wir bis heute noch keinesfalls vollständig überblicken.

Überall, wo trotz guter Bodenversorgung das Pflanzenwachstum nicht so recht in Schwung kommt, die Früchte klein bleiben, also irgend etwas zu fehlen scheint, sollte man den Einsatz solcher Produkte erwägen. Oft genügt eine einmalige Behandlung, sei es auf den Boden, sei es auf den Pflanzen selber, um nachhaltigen Erfolg zu bekommen. Auch in der Verbesserung des Kompostes bewirken sie zumeist Erstaunliches.

Es ist mit unserem einseitig rationalen Denken nicht zu erklären, warum beispielsweise geringste Mengen der bekannten Kompostkräuter *Kamille, Brennessel, Eichenrinde, Schafgarbe, Löwenzahn* und *Baldrian* auf Kompostierungsvorgänge so stark einwirken. Das gesamte Kompostleben von Bakterien bis zu den Würmern wird aktiviert, vermehrt sich schneller, der Kompost wird eher reif, schlechte Gerüche verschwinden, kurz, er wird einfach „besser".

Diese Erfahrungen sind seit Jahrzehnten bekannt; entsprechende Mischungen kann man sich selbst herstellen, es gibt sie auch zu kaufen (siehe Lieferantenhinweis). Der wissenschaftliche Beweis, warum das so ist, fehlt noch. Diese feinststofflichen Vorgänge, zumal sie auch erst nach einem längeren Zeitraum wirksam werden, entziehen sich Untersuchungen. Man kann nur vergleichen und in der Gesamtbeobachtung feststellen: Ein Kompost, der mit solchen Kräutern behandelt wurde oder bei dem das Gießwasser mit Hefezusätzen, Aminosäurenzusätzen oder auch nur mit Spurenelementdünger versetzt wurde, ist immer besser als ein „unbehandeltes" Kompostmaterial.

Kalke, Gesteinsmehle, Tone, Kohleprodukte: Diese ebenfalls im Bereich der organischen Düngung eingesetzten Stoffe dienen vorwiegend der Bodenversorgung. Darüber hinaus verbessern sie auch Komposte. Sie dienen im biologischen Garten auch noch weiteren Zwecken: Kalke z. B. zur Schneckenfernhaltung, Steinmehle und Tone zum Pflanzenschutz. Im weiteren Teil des Buches wird darauf eingegangen.

Komposte als organische Handelsdünger gibt es heute in reicher Auswahl. Ihr Ursprungsmaterial kann sehr verschieden sein, so z. B. Torf, Rinden, Stroh. Sie werden zur Kompostierung zum Teil versetzt mit Klärschlämmen und weiteren organischen wie auch anorganischen Stoffen, die zugleich die Düngewirkung der Produkte noch verbessern.

Die große Hoffnung, den Haushaltsmüll mittels Klärschlämmen zu guten Komposten verarbeiten zu können, hat sich leider bisher noch nicht erfüllen lassen. Die Belastung mit Schwermetallen bei dieser Art der Kompostverwertung ist so hoch, daß sie nur in Spezialkulturen, z. B. im Weinbau oder bei Gehölzen und Blumen, eingesetzt werden sollten, nicht aber zur Düngung der Nahrungspflanzen. Erst langsam setzt sich die Erkenntnis durch, daß nicht die Entsorgung der Bevölkerung vom Müll allein wichtig ist, sondern auch das Recycling, das heißt die Rückführung des organischen Materiales, das der Umwelt entnommen wurde. Überall dort, wo bereits im Haushalt der Abfall getrennt aufbewahrt wird, so wie es für die Eigenkompostherstellung selbstverständlich ist, wo auch die Abholung nunmehr getrennt erfolgt und ein solcher Kompost nicht mehr mit Klärschlämmen hergestellt wird, sondern mit den eigenen Kompostbakterien der vorausgegangenen Produktion, dort funktioniert der Gedanke, die Ergebnisse sind einwandfrei.

Einen immer stärkeren Anteil nehmen seit einiger Zeit die *Rindenkomposte* ein, die als Bodenbedecker, besonders unter Gehölzen, hervorragend geeignet sind. Sie verhindern Aufkommen von Unkräutern auf den Baumscheiben und versorgen das Bodenleben langfristig mit Nahrung. Sie sind, wie ein treffender Ausdruck sagt, „Dauerlutscher“ für das Bodenleben.

Von *Torfkomposten* sollte aus ökologischen Gründen möglichst Abstand genommen werden: Unsere Moorgebiete sind zu kostbar, als daß sie wie bisher für Riesenmengen an Gärtner-Torf ausgeschlachtet werden; auch ist dessen überwiegend säuernde Wirkung auf den Boden nur solchen Pflanzenarten zuträglich, die man als Waldpflanzen bezeichnen kann, d. h. ein saures Bodenmilieu lieben. Der Naturfreund setzt heute an Stelle von Torf Rindenkompost ein. Rindenabfälle fallen sowohl im Wald als auch bei den Sägewerken in überreichem Maße an. Sie werden nach verschiedenen, jeweils kontrollierten Verfahren, sorgfältig zu Rindenkomposten und Rindenmulch als Bodenbedecker verarbeitet.

Die Angebotspalette *fertiger Düngermischungen* ist vielseitig. Der Verbraucher sollte sich dabei keinesfalls nur nach den Zahlen der Nährstoffgehalte richten! Die Komposition als solche wie auch der Humusgehalt, eine gute Mischung auch mit Kalken, Gesteinsmehlen, Algenprodukten usw., kann viel wichtiger sein als möglichst hoher Wert an Nährstoffen!

Auch der Preis ist kein Kriterium! So können sehr preiswerte Dünger mit niedrigem Wirkstoffgehalt, aber sonst hervorragender Zusammenstellung, tauglicher sein als ein ganz hochwertiges Erzeugnis, das nur aus tierischer Produktion stammt.

Die Einkaufsmöglichkeiten sind also vielfältig, wie auch die Bodenzustände, die Klima- und Niederschlagsmengen, aber auch die angebauten Pflanzen eine verwirrende Vielzahl darstellen. Kurz, jeder Anwender muß für seinen Garten, seinen Boden und seine Pflanzen den „richtigen" Zukaufdünger herausfinden – *und dabei bleiben*! Er variiert dann von Jahr zu Jahr höchstens noch mit organischen Einzelprodukten, experimentiert aber nicht jedes Jahr mit einem völlig anderen Präparat, sonst kommt man niemals zu klaren Ergebnissen.

Sinngemäß kann man sich von allen bekannten Düngemittelfabriken direkt beraten lassen, ein jeweils reichhaltiges Programm ermöglicht fast stets eine besondere Empfehlung.

Auf die *Herstellung* organischer Düngemittel haben sich relativ wenige Düngemittelhersteller konzentriert (siehe Lieferantenverzeichnis). Es sind überwiegend traditionsreiche Firmen mit entsprechend großem Erfahrungsschatz. Zu den überregional liefernden Herstellern gesellen sich noch eine Reihe örtlicher Betriebe wie auch Hersteller von Spezialitäten – z. B. aus Hühnerkot, gewerblichen Abfällen, die, meist ohne große Werbung, überzeugende Produkte anbieten.

Wer Gelegenheit hat, ein Herstellerwerk zu besichtigen, wird überrascht sein, wie modern es hier zugeht: In großen Einzelsilos oder Lagerkammern warten die vorvermahlenen, weiter oben beschriebenen düngewirksamen Stoffe auf ihren Abruf in eine große Mischanlage. Vollautomatisch und heutzutage überwiegend durch Computer gesteuert, werden dann die einzelnen Materialien, sei es durch Fallrohre, durch Förderbänder usw., in der für die jeweilige Mischung gewünschten Menge dem Mischbehälter zugeführt, dort gemischt und gegebenenfalls auf eine gleichmäßige Körnung vermahlen, worauf dann der fertige Dünger der Abfüllanlage zugeführt wird. Wieder sind es automatische Wiegemaschinen, die die Kartons oder Säcke gewichtsgenau füllen, automatisch verschließen oder vernähen, bevor sie den Lagerhallen zugeführt werden.

Trotz aller Technik und modernster Maschinen riecht es in diesen Fabriken nicht angenehm – es werden ja organische Produkte verarbeitet –, und der Staubanfall ist groß. Den Laien verblüfft auch immer wieder die Menge des zu verarbeitenden Materials. Ganze Eisenbahnwaggons von Rinderhufen oder -hörnern, aus aller Welt kommend, werden zu Hornmehl vermahlen; große Silolaster, gefüllt mit Gesteins- oder Tonmehlen, pumpen ihre Ware in die Vorratsbehälter; ganze Felder voller Kompostmieten harren, sauber mit Planen abgedeckt, der Trocknung, Vermahlung und der späteren Verpackung.

Hier sieht man, daß „organisch" Düngen nicht gleichzusetzen ist mit „primitiv" Düngen, mit Hinterwäldlertum oder gar Sektiererei – es ist hohe Wissenschaft, die dort betrieben wird. Alle diese Firmen besitzen eigene Laboratorien, in denen sie ihre Mischungsrezepte oft jahrelang ausprobiert haben, ehe die Produkte verkaufsreif wurden. Entsprechend gibt es eigene Versuchsfelder, und die Zusammenarbeit mit wissenschaftlichen Instituten aller Art ist eng. Kurz, die Herstellerbetriebe der organischen Handelsdünger zeigen, daß die Methode des „organisch Düngen" nicht Modeerscheinung von einigen wenigen ist, sondern daß sie auf einem festen, starken Fundament steht, über viele Jahrzehnte Erfolge nachweisen kann und in ihrer Art genauso wissenschaftlich erprobt ist wie die Düngemethoden des konventionellen Anbaues.

2.3 Die interessante Geschichte der Herstellbetriebe organischer Düngemittel

Die Herstellbetriebe der organischen Düngemittelindustrie weisen, soweit es sich um altetablierte Firmen handelt, eine interessante und meist sehr ähnliche Entwicklung auf: Mit Beginn des industriellen Zeitalters, gekennzeichnet durch einen ständig höheren Maschineneinsatz, verlagerte sich auch die Fertigung von Kämmen und Knöpfen aus Horn wie auch aus Knochenmaterial von den bisherigen Handwerksbetrieben in regelrechte Fabriken. Aus Hufen, Klauen und Hörnern wurden Hornplatten hergestellt und aus diesen nunmehr Kämme wie Knöpfe herausgefräst, gesägt, gestanzt, geschnitten. Dabei war der Abfall beachtlich. Schon sehr bald kamen Landwirte, Weinbauern, aber auch Hausgartenbesitzer dahinter, daß sich diese Abfälle ganz hervorragend als Düngemittel eignen. Die bis dahin kostenlose Abgabe der Abfallstoffe wurde eingestellt und den Knopffabriken nunmehr eine „Hornverwertung" angefügt.

Seit dem Siegeszug des Kunststoffes, beginnend mit den Kasein-Produkten in den dreißiger Jahren, wurden Kämme und Knöpfe in zunehmendem Maß und heute überwiegend aus Kunststoff hergestellt. Die ehemalige Hornverwertung wurde nun zum eigentlichen Betrieb, zur Düngemittelfirma.

Ähnlich ging es den Herstellerbetrieben, die Knochenleime fertigten. Wohin mit den ausgekochten Knochen und Häuten? Teils wurden sie im Hause selber zu Knochenmehl vermahlen, teils aber an die Hornfabriken verkauft, die nun gemeinsam aus Horn- und Knochenmehl organische Mischdünger herstellten.

Und noch ein dritter Gewerbezweig ist erwähnenswert: Es sind die Lederfabriken, die ihre Abfälle bei der Lederproduktion zu feinem Ledermehl vermahlten und ebenfalls entweder selbst verkauften oder auch den Hornverwertungsfirmen zur Verfügung stellten.

Interessant ist noch die Tatsache, daß während des 2. Weltkrieges bei uns die Verarbeitung von Hornrückständen zu Düngemitteln verboten war – aus diesen wurden Suppenwürzen hergestellt!

Jede einzelne Firma, gleich ob heute klein oder groß, entstand meist einmal aus der Entwicklung und dem Verkauf eines ganz bestimmten Rohstoffes. Das war so bei der großen „Badischen Anilin- und Soda-Fabrik AG", die mit der Erfindung des künstlichen indigoblauen Farbstoffes als Ersatz für das natürliche Indigoblau entstand, genauso erging es den Verwertungsgesellschaften für die geschilderten Abfälle: Alle Firmen bekamen ihr Eigenleben, wuchsen, dehnten sich aus und nahmen neue Produkte hinzu.

Beschränkte sich die Abgabe der organischen Handelsdünger bis nach dem 2. Weltkrieg bevorzugt darauf, die Einzelstoffe in entsprechender Mahlung und fertig verpackt zu verkaufen, so ging man nach 1948 daran, die im vorigen Kapitel erwähnten Mischungen zu konzipieren und in den Verkehr zu bringen. Sie überwiegen heute im Umsatz gegenüber den Einzeldüngern, wie Horngrieß oder Blutmehl. Der Verkauf der organischen Düngemittel verlief in den letzten Jahren so positiv, daß nunmehr auch Hersteller, die früher ausschließlich anorganische Düngemittel verkauften, in diesen Produktbereich eintreten, um nicht Marktanteile zu verlieren.

Umgekehrt darf festgestellt werden, daß die Hersteller organischer Düngemittel von den Mineraldüngemittelherstellern Produkte übernahmen, dies besonders im Kalium-Bereich. Nun gibt es keine kalireichen organischen Düngemittel. Der „Fehltritt" lag also nahe, organische Düngemittel mit Kaliumsalzen anzureichern. Es entstanden die *organisch-mineralischen Düngemittel.* Der Verfasser hält sie von der Idee her für falsch, für unlogisch konzipiert. Die meisten Böden enthalten ausreichend Kali – es muß nur pflanzenverfügbar aufgeschlossen werden. Im organischen Landbau ist dies u. a. eine Aufgabe des Regenwurmes. Regenwurmkot ist 10mal kaliumreicher als die ihn umgebende Erde. Würmer werden aber schon durch geringfügig überdosierte Mengen wasserlöslicher Kalisalze nachhaltig in hiermit versorgtem Erdreich beeinträchtigt. Statt also die natürlichen Möglichkeiten, die das Bodenleben uns bietet, zu nutzen, vergrämen wir es durch diese Kombinationsdünger und begehen den Fehler, beide Düngesysteme miteinander zu verquicken.

Im Vergleich zum umgebenden Erdreich enthält Regenwurmkot:

10mal soviel pflanzenverfügbares Kalium
7mal soviel pflanzenverfügbaren Phosphor
5mal soviel pflanzenverfügbaren Stickstoff
4mal soviel pflanzenverfügbares Kalzium
2mal soviel pflanzenverfügbares Magnesium

sowie weitaus mehr nun pflanzenverfügbare Spurenelemente.

Dies ist für den Verfasser genauso widersinnig, als wenn organische Düngemittel beispielsweise mit Herbiziden zur Unkrautvernichtung versetzt werden, wie man es bei bestimmten Rasendüngern findet.
Man befriedigt mit solchen Produkten nur momentane Kundenwünsche; besser wäre es, den Anwender über die biologischen Zusammenhänge aufzuklären.
Dem Anwender sei also empfohlen, nur wirklich konsequent zusammengestellte organische Produkte zu verwenden, auch wenn die Werbesprüche über Mischprodukte noch so verlockend klingen.

Bei allen Herstellern organischer Düngemittel liegt das Problem in der Beschaffung genügend großer Mengen düngewirksamer Rohstoffe. Man ist ständig auf Suche nach neuen Möglichkeiten, denn der Umsatz wächst, keineswegs aber die zur Verfügung stehenden Materialien. Verständlich daher, daß die Preise der Erzeugnisse relativ hoch sind und deshalb die Anwender nach den niedrigen Preisen der anorganischen Düngemittel schielen lassen. Das ist aber falsch: Ein Sack mit teuer eingekauftem organischem Volldünger ist für Boden und Pflanze im Sinne der biologischen Landwirtschaft wertvoller als ein Sack Mineraldünger, der heute auch nicht viel billiger ist. Nur *einmal* fremdgegangen zugunsten eines vielleicht geringfügigen Preisvorteiles, bedeutet die gesamte Arbeit vieler Jahre zu ändern, zu beeinträchtigen – und das für den Zeitraum mindestens einer Vegetationsperiode!
Organische Handelsdünger sind, mehr als anorganische Dünger, eine Vertrauenssache! Man vertraue daher dem guten Ruf der bekannten Firmen mit großer Produkterfahrung – und bestehe beim Händler auf solchen Erzeugnissen und lasse sich nicht ein „gleich gutes aber viel billigeres" Produkt aufreden.

Justus v. Liebig (1803–1873). Oben: *Labor in Liebigs Gießener chemischem Institut, 1845.*
Unten: *Liebig bei der Arbeit im Labor der Münchner Universität, wo er ab 1852 einen Lehrstuhl für Chemie innehatte.*

Kapitel 3: Die Wirkung organischer Düngemittel

3.1 Die Unterschiede zwischen anorganischen und organischen Düngemitteln

Zusammengefaßt noch einmal die hauptsächlichen Unterschiede zwischen organischen und anorganischen Düngemitteln: Mineraldünger wirken schnell, konzentriert, hart. Die Wirkung hängt überwiegend vom Wasserhaushalt des Bodens ab. Bei zuwenig Oberflächenfeuchtigkeit erreichen sie selten zum richtigen Zeitpunkt das Wurzelwerk, bei zuviel Niederschlägen können sie zu erheblichen Teilen in so tiefe Schichten abgeschwemmt werden, daß die Wurzeln sie nicht mehr erreichen. Die Pflanzenernährung konzentriert sich auf wenige Hauptnährstoffe in Verbindung mit einigen Spurenelementen, die man als unbedingt pflanzennotwendig erkannt hat. Die von der Pflanze zusätzlich noch benötigten Nahrungsstoffe muß sie aus dem Boden selber holen – in diesen setzt nach und nach also eine Verarmung ein. Um dieser entgegenzuwirken, müssen ständig höhere Gaben der künstlichen Düngemittel eingesetzt werden bzw. es muß durch eine gewisse Humuszufuhr, Mulchwirtschaft usw. doch eine Anleihe bei den Methoden der organischen Düngung aufgenommen werden. Der Einsatz anorganischer Düngemittel setzt ständige, genaue Bodenanalysen voraus, die in Verbindung gebracht werden mit dem Nahrungsbedarf der angebauten Pflanzen. Ist dies bei einigen Hauptnährstoffen und Spurenelementen möglich, so entzieht sich der Stickstoff durch seinen ständigen Kreislauf solchen Analysen, sofern sie nicht mehrfach jährlich vorgenommen werden.

Dieses äußerst exakte Arbeiten ist dem Landwirt kaum und dem Gartenbesitzer gar nicht möglich. Überdüngung ist deshalb fast die Regel. Als Folge erlebt man hochgetriebene Pflanzen, wenig widerstandsfähig gegen Umwelteinflüsse und Schädlinge und mit meist zu hohem Wassergehalt, beim Erntegut selber wie auch in den daraus hervorgehenden Nahrungsmitteln.

Als direkte Folge dieser Düngung ist ein prophylaktischer ganzjähriger Pflanzenschutz mit chemischen Mitteln unerläßlich; biologische Mittel helfen bei so ernährten Pflanzen nicht ausreichend! Die anorganische Düngung entspricht unserem heutigen mechanischen Denken, wenn wir mit Ungeduld und kurzfristig auch in natürliche, daher meist langfristige Abläufe eingreifen wollen.

Die organische Düngung baut auf *Zusammenarbeit mit Lebensabläufen der Natur und ihren Lebewesen.* Sie entspricht der Pflanzenernährung, wie sie von der Schöpfung vorgesehen ist. Dank wesentlich verbesserter Kenntnisse sind wir heute in der Lage, auch mit organischen düngewirksamen Stoffen genauer und gezielter – den jeweiligen Bodenverhältnissen oder Pflanzenbedürfnissen entsprechend – zu arbeiten. Grundsätzlich jedoch gilt: Die Nährstoffe werden *nicht* durch Wasser gelöst und so den Wurzeln *direkt* zugänglich gemacht, sondern sie passieren fast aus-

---

Oben: *Fässer mit Pflanzenjauchen bei einem Winzer in Burgund. Es werden, je nach Jahreszeit, gemischt: Brennessel-, Ackerschachtelhalm-, Zwiebel- und Heilkräuterjauche. Bei der Ausbringung werden diese Jauchen noch mit Gesteinsmehl versetzt.*

Unten: *Der gehäckselte Schnitt einer Hainbuchenhecke wird zu einer Sonderkompostmiete aufgesetzt. Kräftige Zugaben von Gesteinsmehl und stickstoffhaltige Komposthilfsmittel verbessern die Rotte und das Produkt.*

nahmslos zunächst das Bodenleben. Dieses erst schließt die Nährstoffe auf und macht sie pflanzenverfügbar. Um einen beliebten Satz zu wiederholen: *Wir füttern das Bodenleben und nicht die Pflanzen.*

Überdüngungen, wie bei Mineraldüngemitteln fast die Regel, sind selbstverständlich auch möglich, sie wirken sich jedoch in der Regel nicht so negativ aus, denn die Barriere des Bodenlebens, das seinerseits ja abhängig ist von den jahreszeitlichen, ja täglichen Temperaturschwankungen, sorgt für einen geregelten, *langsamen* Nahrungsmittelzufluß entsprechend dem Wachstumsrhythmus der Pflanze. Organische Düngemittel müssen deshalb *längerfristig* disponiert und eingebracht werden, ihre Anwendung setzt eine entsprechende Planung wie auch Kenntnisse der vielen Möglichkeiten auf diesem Gebiet voraus.

Durch die natürliche Ernährung wird die Pflanze weitestgehend mit allen Nährstoffen versorgt, deren sie bedarf, sie wird nicht aufgeschwemmt, nicht hochgetrieben; ihr natürliches Abwehrpotential gegen Schaderreger aller Art, das meist höher ist als der Laie erwartet, bleibt voll erhalten. Der Einsatz von Pflanzenschutzmitteln kann sich daher auf schwächerwirkende biologische Präparate beschränken, bei guter biologischer Anbaumethode sogar oft ganz entfallen.

Der Einsatz organischer Düngemittel setzt stets ein *Ganzheitsdenken, gemeinsam mit den biologischen Anbaumethoden* voraus – dann erst wirken sie optimal. Sie sind also, anders als die Mineraldünger, nicht die Basis des Ertrages – weil ohne sie ein Ertrag kaum noch erzielbar wäre –, sondern sie dienen der Vollendung des biologischen Anbaues, damit auch bei dieser Methode optimale Ergebnisse erreicht werden können.

Trotz der außerordentlichen Vielseitigkeit organischer Düngemittel ist das Arbeiten mit ihnen unkompliziert, leicht erlernbar, mögliche Fehler sind geringfügig, niemals gravierend, jederzeit reparabel.

Es steht außer Zweifel, daß die mit organischen Düngemethoden verantwortungsbewußt erzeugten Nahrungsmittel einen höheren gesundheitlichen Wert besitzen, schmackhafter wie auch besser lagerfähig sind als solche, die aus der agrochemischen Landwirtschaft stammen.

Die Eigenherstellung organischer Düngestoffe erfordert gewissen Zeitaufwand und Arbeitsleistung, ist also grundsätzlich nicht so bequem wie die Anwendung anorganischer Produkte, dafür aber billig. Wer diese Eigenleistung sparen will, kann aber heute auch sogenannte Wirtschaftsdünger als Handelsdünger, also als Fertigprodukt, im einschlägigen Handel beziehen.

3.2 Selbsthergestellte Komposte und Pflanzenjauchen

Für den Nebenerwerbslandwirt, den Hausgärtner, den dieses Buch anspricht, gibt es nur eine begrenzte Anzahl selbstherstellbarer organischer Düngemittel. Dung aus Tierhaltung, sieht man einmal von Kleintierställen ab, fehlt meist. Die Herstellung wird sich daher auf zwei Hauptgruppen konzentrieren:

Komposte aller Art und
Pflanzenjauchen.

Komposte sind der Lebensmotor des biologischen Landbaus. Nicht nur, daß sie den Boden mit Stickstoff und den ihm vorher entnommenen Nährstoffen und Spurenelementen aller Art wieder versorgen, nein, sie wirken weit über dieses hinaus. *Mit Kompost gelingt im Garten fast alles – ohne ihn wenig, denn Kompost ist Leben! Bodengesundung und -erhaltung im Garten beginnt mit Kompost!*

Wir kennen im Hausgarten zwei Methoden der Kompostherstellung, einmal die sogenannten Haufenkomposte und dann die Komposte, die in Kompostsilos heranreifen.

Haufenkomposte werden immer dort erzeugt, wo große Mengen organisches Material anfallen und auch reichlich Platz vorhanden ist. Silos zur Kompostherstellung werden dagegen mehr in Haus- und Kleingärten aufgestellt; sie beanspruchen weniger Platz und der Kompostplatz sieht auch etwas „aufgeräumter" aus.

Die Kompostart unterteilt man wiederum nach ihrem Ausgangsmaterial: Haushalts-, Küchen-, Gartenabfälle jeglicher Art sind der Normalfall. Hinzu kommen Komposte aus Hecken- und Baumschnitt, Zeitungspapier, Stroh, Laubkomposte usw. Sie unterscheiden sich erheblich in ihrem Anwendungsbereich und Nährwert. In Kapitel 5 wird hierauf näher eingegangen.

Die nächste große Kompostgruppe sind die sogenannten *Flächenkomposte* einschließlich der Gründüngung. Hier werden bestimmte Pflanzen, besonders Stickstoffsammler, Leguminosen, als Vor- oder Nachsaat zur Hauptkultur des Jahres eingesät, später abgeschnitten oder in den Boden eingeschält und damit dem Bodenleben zur Verwertung zugeführt. Oder der Winter mit seiner Schneelast drückt sie nieder, so daß sie zuerst der Bodenbedekkung dienen, dann aber, ab Frühjahr, an Ort und Stelle verrotten.

Die Flächenkomposte haben nicht nur für die Landwirtschaft Bedeutung, auch im Hausgarten werden sie in zunehmendem Maß angewandt. Beispielsweise als Spinat-, Senf-, Ackerbohnenaussaat noch im September/Oktober. Im Frühjahr ist ihre bodenbelebende und bodenschützende Funktion erfüllt, ihre Reste werden einfach unter- oder abgeharkt.

Eine Art der Flächenkompostierung stellt das *Mulchen* bzw. die *Bodenbedeckung* durch Häcksel, Stroh und ähnliches Pflanzenmaterial dar. Auch sie dient der Verbesserung des Bodenlebens infolge langsamer, stetiger Nahrungszufuhr wie auch durch Feuchthalten der obersten Bodenschichten, in denen sich die Lebewesen nun ebenfalls aufhalten, entwickeln und fortpflanzen können.

Es gibt verschiedene Ansichten, welche Art der bodenbedeckenden Kompostwirtschaft besser sei. Der Verfasser hält diesen Streit für nebensächlich – aus der Überlegung heraus, daß man sich nach der Art des vorhandenen Rottemateriales richten muß, aber auch nach dem Arbeitsaufwand, der Feldgröße usw., und deshalb gar nicht sagen kann: Ich kompostiere an Ort und Stelle über Gründüngung oder mittels Mulchmaterial.

Hat man einen Garten mit wenig Grasanfall, nun, so wird das Gras nicht im Haufen kompostiert, sondern als Mulch auf der Baumscheibe zusammengetragen.

Hat man aber größere Gemüsefelder, so wird man sich der Gründüngung zuwenden. Ist man jedoch in der glücklichen Lage, viel Kompostmaterial zu bekommen – vielleicht infolge Zulieferung durch die Nachbarn –, so wird selbstverständlich die Baumscheibe mit Fertigkompost versorgt. Diese Beispiele ließen sich beliebig fortführen, sie sollen lediglich zeigen, daß man sich hauptsächlich nach seinem Materialanfall zu richten hat. *Wichtig ist nur, daß überhaupt kompostiert wird!* Qualitätsunterschiede zwischen den einzelnen Methoden, die es selbstverständlich gibt, sind jedoch nicht so gravierend, als daß man sich auf die eine oder andere Kompostierungsart unbedingt festlegen muß.

Verständlich aber auch, daß fertige Komposte, seien sie Reif- oder sogenannte Frischkomposte, schnellere Wirkung zeigen als Flächenkomposte, Gründüngung,

Mulch usw., weil bei denen ja die Materialzersetzung erst auf dem Feld oder der Baumscheibe vor sich gehen muß, nicht aber bereits in der Kompostmiete abgeschlossen werden konnte. Dieser Zeitbedarf ist vielleicht der gravierende Unterschied zwischen den verschiedenen Kompostierungsarten, auf ihn muß man Rücksicht nehmen.

Flüssigkomposte, Pflanzenjauchen, Pflanzentees, Pflanzenauszüge

Diese zweite Gruppe der leicht herstellbaren „wirtschaftseigenen" Düngemittel hat einen stürmischen Aufstieg genommen und wird wohl auch in Zukunft immer beliebter werden. Hörte man in früheren Jahren nur vereinzelt von angeblicher Wunderwirkung selbsthergesteller Brennnesseljauchen, so ist die Wertschätzung dieser Düngung offenbar so gestiegen, daß heute schon industriell getrocknete und vermahlene Brennesselkräuter, Ackerschachtelhalm usw. von vielen Firmen angeboten werden. In der Tat: Die Wirkung dieser selbsthergestellten flüssigen Düngemittel ist erstaunlich. Man kann bei geschickter Auswahl der zu verarbeitenden Pflanzen nicht nur ein hervorragendes Ergebnis auf Bodenstruktur und Pflanzenstärkung erwarten, sondern diese so kräftigen, daß sie widerstandsfähig gegen Pilzerkrankungen und Insektenbefall werden, ja, man kann sogar mit ihnen einen vorhandenen Befall wieder beseitigen.

Durch den Übergang der pflanzlichen Stoffe – also auch der Nährstoffe – in das Wasser gehen zugleich auch viele von der Pflanze selbst gebildete Schutzstoffe, sogenannte Phytonzide, mit über, die nun infolge der doch relativ kurzen Verweilzeit im Wasser noch eine aktive Wirkung entfalten können, während sie durch die lange Lagerzeit im Komposthaufen überwiegend zerstört werden.

Ist die mit den Pflanzenjauchen ausgebrachte Nährstoffmenge gering, so sind die Nährstoffe aber doch allerfeinst verteilt. Es bewahrheitet sich hier wieder der alte Spruch, daß „viel" nicht unbedingt „viel" bewirkt, sondern im Gegenteil die Natur mit allerfeinsten stofflichen Dosierungen arbeitet.

Diese „Flüssigkomposte", wie die Mittel zusammengefaßt genannt werden können, wirken zwar ähnlich, aber doch anders als die bereits beschriebenen Festkomposte. Ihre Wirkung setzt schnell ein; soll sie auch nachhaltig sein, so muß ihre Anwendung recht oft erfolgen, durchschnittlich wöchentlich einmal bis zehntägig. Sie enthalten nicht das „Lebensmaterial" eines festen Kompostes, der Gründüngung, sie wirken aber ganz ungewöhnlich *stimulierend auf das Bodenleben* ein, das sich nach ihrer Anwendung viel reichlicher entwikkelt und damit aktiver wirkt. Sie sind also weniger Substanz, als Vermittler von Lebensvorgängen, die uns heute noch vielfach verborgen sind.

Ist Kompost der Hauptmotor des gesamten biologischen Land- und Gartenbaues, so sollte jeder Gärtner lernen, mit diesen Flüssigkomposten, den Pflanzenjauchen, *zusätzlich* zu arbeiten. Sie sind das I-Tüpfelchen des bestmöglichen Erfolges, den man ohne chemische Hilfsmittel erzielen möchte.

Über *Hefen,* die im eigenen Betrieb nur dann gewonnen werden, wenn Äpfel, Birnen oder gar Weintrauben selber vermostet werden, wurde bereits gesprochen – sie werden ähnlich wie die vorgenannten Flüssigkomposte eingesetzt, ihre Wirkung ist mit ihnen vergleichbar.

Werden Kaninchen gehalten, sind Hühner am Haus, so wird auch der Kot dieser Tiere, mit Wasser angesetzt, *als Jauche* verwendet. Oder aber er kommt auf den Komposthaufen. Die Verbesserung aller rein pflanzlichen Komposte durch tierische Ausscheidungsprodukte ist bekannt, ihre Nährkraft wird wesentlich stärker. Die Wirkungssteigerung ist so hoch, daß auch die Verwendung von käuflichem Guano, Hühnerkot über den Komposthaufen empfohlen wird. So eingesetzt wirken sie milder, sind pflanzenverträglicher, als wenn man sie direkt ausstreut. Gerade mit diesen Produkten werden ja sonst im biologischen Landbau die häufigsten Düngefehler begangen – man streut viel zuviel davon auf die Beete.

3.3 Ungemischte organische Handelsdünger

Theoretisch ist die Menge der organischen Stoffe, aus denen man Dünger herstellen könnte, unendlich groß – in der Praxis haben sich jedoch nur wenige Produkte bewährt. Sie sind bereits weiter vorne dargestellt. Hier erfolgt die Zuordnung der Produkte nach Nährstoffarten wie auch Nährstoffgehalten:

1. Stickstoffhaltige Materialien

Hornmehl, Horngrieß und Hornspäne. Der Stickstoffanteil beträgt zwischen 10 und 12%. Die Restbestandteile sind organische Substanzen von ebenfalls hoher Bodenwirksamkeit. Der Wirkungseintritt ist abhängig vom Vermahlungsgrad, beim Hornmehl schon nach 10 bis 12 Tagen, bei Hornspänen erst nach 8 Wochen. Wird mit Hornmaterial gedüngt, so sollte man am besten *alle drei Größenfraktionen zusammenmischen,* um einen hervorragenden Langzeitdünger zu bekommen, der 14 Tage ab Ausstreu die ganze Saison über eine gleichmäßige Stickstoffabgabe gewährleistet. Je nach Bedarf wird zwischen 50 und 100 g pro m^2 angewendet.

Blutmehl, ein äußerst schnell wirkender Dünger mit 14% Stickstoff. Es scheint so, als ob das in Wasser gelöste Blutmehl direkt von der Pflanzenwurzel aufgenommen werden kann, so daß es ähnlich wirkt wie anorganische wasserlösliche Stickstoffdünger. Eine Anwendung sollte nur sparsam erfolgen, 50 g pro m^2 sind ausreichend. Blutmehle werden nur auf den Boden aufgestreut, die Grünteile der Pflanzen dürfen mit ihnen nicht in Berührung kommen.

Rizinusschrot – geschrotete Ölfrüchte. Der Stickstoffgehalt beträgt durchschnittlich 6%, aber auch der Gehalt an durchschnittlich 3% Phosphat sowie 1,5% Kali ist nennenswert. Hinzu kommen die humusbildenden Stoffe des Pflanzenmateriales. Es handelt sich um Langzeitdünger mit Wirkungseintritt frühestens nach 2 bis 3 Monaten. Die Produkte können schon im Spätherbst oder Winter ausgebracht werden.

2. Phosphorhaltiges Material

Hier kennen wir hauptsächlich das Knochenmehl mit einem Gehalt von etwa 17% Phosphorsäure (P_2O_5). Die sonstigen Knochenmaterialien wirken gleichzeitig als Kalkdüngemittel. Da unsere Böden im allgemeinen mit Phosphor ausreichend versorgt sind, erfolgt eine Anwendung nur mit 50 bis maximal 100 g pro m^2 bei nachgewiesenem Phosphormangel.

3. Organische Kalidünger

Hier bietet der Handel eigentlich nur Buchenholzkohlen, zu Grieß vermahlen, an. Der Gehalt an kohlensaurem Kali beträgt 6% bis 10%. Diese werden jedoch selten als Kalidünger eingesetzt, sondern als ein Präparat zur Verbesserung der Bodenhygiene. Der organischen Düngewirtschaft fehlen geeignete Kalidünger. Zwar sind alle aus Holz stammenden Materialien wie

Sägemehl, Heckenschnitt, Holzasche usw. gut kalihaltig – bei echtem Kalimangel vermögen sie jedoch keine ausreichend schnelle Wirkung zu erzielen, ausgenommen Holzasche. Gemeinsam aber mit dem Regenwurm, dessen Kot ja vielmal reicher an pflanzenverfügbarem Kali ist als das umgebende Erdreich, stellt man auf Böden mit Kalireserven nach einiger Zeit trotzdem eine ausreichende Kaliversorgung sicher.

Die Behauptungen der Kalisalz-Industrie, daß ihre Produkte *auch* natürlichen Ursprungs seien, da sie ja dem Meer entstammen, ist hergesucht. Unter organisch verstehen wir nur solche Materialien, die irgendwann und irgendwo einmal in einem Lebensprozeß eingebaut waren, also über Pflanze oder Tier aufgenommen und dem Leben zugeführt wurden. Alle salzartigen Kalidünger dagegen wirken hart und lebensfremd, insbesondere für das Bodenleben. Der Verfasser rechnet auch das von den biologischen Anbauvereinigungen tolerierte Kali-Magnesia, auch Patentkali genannt, hier hinzu.

Im weitesten Sinne kann auch der Rinderdung, wie er heute in getrockneter Form als Handelsdünger angeboten wird, als kalireicher Dünger angesehen werden.

Letztlich mögen auch Gesteinsmehle, obgleich ebenfalls nicht aus dem Reich des Lebendigen, des Organischen herstammend, hier genannt werden. Sie werden aus anderen Gründen in der biologischen Landwirtschaft reichlich angewendet. Oft versucht man dabei, den je nach Gesteinsmaterial mehr oder weniger hohen Kalianteil auch düngemäßig auszunutzen. Eine Düngewirkung im Sinne des Wortes ist jedoch nur über einen sehr langen Zeitraum hin zu erwarten, so daß man diese Produkte nicht als Kalidünger im eigentlichen Sinne ansehen sollte. Manche Wissenschaftler nennen sie „Depotdünger".

4. Magnesiumdünger

Magnesium wird als der vierte Hauptnährstoff bezeichnet. Magnesiumhaltiges Material gibt es sowohl aus Gesteinsablagerungen wie auch aus Korallen und Algen. Die bekannten Korallenmehle enthalten zwischen 8 und 14% Magnesiumkarbonat biologischen Ursprungs. Dieses sollte den Magnesiumkalken aus Gesteinen vorgezogen werden.

5. Spurenelemente

Jedes Gesteinsmehl, Korallenalgenmehl, Algenprodukte, seien sie gekörnt oder flüssig, *wie auch alle vorgenannten Düngemittel,* sind reich an Spurenelementen. Es erübrigt sich daher, Einzelspurenelementdünger oder auch Spurenelementmischungen aus nichtorganischer Produktion einzusetzen. Ausgenommen sind hier Böden, die aufgrund ihrer geologischen Entstehung Mangel an bestimmten Haupt- oder Spurenstoffen aufweisen. Hier wäre, sozusagen „auf Rezept", mit Spezialdüngern wie Metall-Legierungsdüngern nachzudüngen.

6. Kohlenstoff

Alle hier genannten organischen Verbindungen enthalten selbstverständlich das Element Kohlenstoff, das für den Pflanzenaufbau unerläßlich ist. Will man dieses Element in konzentrierter Form ausbringen, so wird auf die Fertigdünger aus feinstgemahlener Braunkohle verwiesen. Es handelt sich um Material aus jungen Braunkohlenlagerstätten, die noch nicht schwarzverkohlt sind. Sie wirken sowohl schnell als auch nachhaltig, wobei besonders auf die bodenstrukturverbessernden Eigenschaften hingewiesen werden soll. Unter Handelsnamen wie *Bona-Beta* oder *Acta-Bacta* sind sie als wahre Wunderdünger angepriesen worden. Das sind sie zweifelsohne nicht; auf mageren Böden, harten

Tonböden und bei schwerem Untergrund leisten sie aber Gutes.

Wie man sieht, hat also der biologisch arbeitende Anbauer an Hand von organischen Düngermaterialien mit *betonter Einzelnährstoffkomponente* durchaus Möglichkeiten, einen Nährstoffmangel bestimmter Art auszugleichen. Er sollte dieses jedoch nie ohne eine vorherige Bodenanalyse tun. Über Einzelheiten solcher Bodenanalysen wird im Kapitel 6.1 Näheres gesagt.

Noch einmal wiederholt: Alle hier genannten Düngemittel wirken erst über das Bodenleben! Dieses nimmt sie auf, braucht sie zur eigenen Nahrung, verwertet sie also und stellt sie erst mit seinen Ausscheidungen der Pflanzenwurzel oder, wie beim Kohlenstoff bzw. Kohlendioxid, den Blättern zur Verfügung. Immer wieder wird von seiten der Hersteller anorganischer Düngemittel behauptet, daß durch diese Umwandlung die Nährstoffe ja ebenfalls mineralisiert und wasserlöslich gemacht würden. Sie seien also dann, wenn sie für die Pflanzenwurzel zur Verfügung stünden, nichts anderes als die anorganischen düngewirksamen Stoffe auch.

Diese Behauptung stimmt nur zum Teil. Zweifelsohne werden die Nährstoffe auf kleinste Molekülgrößen reduziert. Ein Teil der Düngestoffe bleibt jedoch in größeren Moleküleinheiten erhalten. Seit etwa dreißig Jahren wissen wir, daß die Pflanzenwurzel in der Lage ist, solche Großmoleküle aufzunehmen, seit man es versteht, Stoffe radioaktiv zu markieren.

Wir beginnen zudem überhaupt erst mit der Erforschung des Wurzellebens der Pflanze wie auch der vielfältigen Funktion des Bodenlebens. Wir erahnen, daß es eine Lebensgemeinschaft zwischen tierischem und pflanzlichem Leben gibt, die viel weiter reicht, als wir uns dies heute vorstellen können – kurz, wir sind am Beginn einer ganz neuen Forschung!

Keinesfalls bedeutet dies jedoch, daß wir die außerordentlichen Ergebnisse wissenschaftlicher Forschung über anorganische Düngemittel vergessen müssen – sie werden uns mithelfen, in der Zukunft eine neue, biologisch orientierte Düngelehre zu entwickeln.

3.4 Gemischte organische Handelsdünger

Vorwiegend aus den oben genannten organischen Einzeldüngern mischt die Düngemittelindustrie in großer Vielfalt fertige Düngemittel zusammen. Sie werden entweder unter bekannten Eigennamen der Mischungen verkauft, als „Organische Mischdünger" angeboten oder auch als „Organische Erdbeerdünger", „– Rasendünger", „– Koniferendünger", „– Gemüsedünger" usw. bezeichnet.

Eine bestimmte Empfehlung soll hier nicht gegeben werden, zumal stets die Bodenverhältnisse berücksichtigt werden müssen. Kann der Garten reichlich mit Humus versorgt werden, dann hat er im allgemeinen keinen Stickstoffmangel, man wird auf einen preiswerten, stickstoffschwachen Volldünger zurückgreifen. Kann kein Humus auf die Beete gegeben werden, so liegt der umgekehrte Fall vor.

Im allgemeinen geht die Entwicklung so, daß der zunächst noch unerfahrene Gärtner einen bekannten und erprobten rein organischen Markendünger anwendet. Er sieht dann ja, ob seine Pflanzen fröhlich wachsen, blühfreudig sind, den Winter gut überstehen usw. Sicherlich wird er auch einmal eine Bodenuntersuchung vornehmen lassen und nun Bescheid wissen, welche Nährstoffe reichlich vorhanden sind. Er wird dann zu den im vorigen Abschnitt genannten Einzeldüngern übergehen und diese – je nach Anfall eigenen Humusmateriales, immer weniger – also nur als Spitzenausgleich anwenden. Kurz, wer seinen Garten beobachtet und etwas nachdenkt, wird mit Zukauf von Handelsdüngern immer gezielter und immer sparsamer vorgehen können. Die Palette der Möglichkeiten ist groß und erfüllt alle Wünsche.

Reine Klärschlämme, wie sie in getrockneter Form angeboten wurden, sollte man im Gemüsegarten nicht einsetzen; ihre Verwendung unterliegt zudem bestimmten Auflagen hinsichtlich der Einsatzmenge pro Jahr.

Kalke der verschiedensten Art, Gesteinsmehle, Tonmineralien usw. dienen mehr der Bodenverbesserung und sind nur indirekt als Düngemittel anzusehen. Ihr Gehalt an vielen wertvollen Spurenelementen – besonders hoch im Urgesteinsmehl – ist jedoch so wichtig, daß über jedes Beet, auf jeden Rasen, an jede Hecke usw. eigentlich jedes Jahr eine Gabe an Gesteinsmehl ausgestreut werden sollte. In Kapitel 7 hierüber Näheres.

3.5 Düngemittel ohne Nährstoffgehalte

Die schon oft erwähnten Spurenelemente-Dünger sind Düngemittel, deren Nährelemente in unvorstellbar kleinen Mengen wirken. Aber ohne die „Spuren" dieser bestimmten Elemente laufen viele Lebensprozesse nicht ab, oder anders herum gesagt, mit ihnen funktionieren sie überhaupt erst. Ein schönes Beispiel hierfür hat *Erhard Hennig* in seiner Schrift „Humus, Stickstoff, Urgesteinsmehl" aufgezeigt: „Heute wissen wir, daß auch Hefen und Algen in bescheidenem Umfang in der Lage sind, molekularen Stickstoff zu binden, ohne in Symbiose mit den Pflanzen zu leben. Die Arbeiten von Hugo Schanderl zeigen, daß auch Nichtleguminosen wie Mais Luftstickstoff assimilieren können, sofern ihnen das Vitamin B_{12} zur Verfügung steht. Überhaupt ist die Bindung von Luftstickstoff durch die Knöllchenbakterien und die Azotobakter an die Anwesenheit von B_{12} gebunden. Wir sehen also, das Vitamin B_{12} spielt auch im Boden eine wichtige Rolle. Aber woher kommt nun B_{12} in den Boden, wie entsteht es, welche Vorgänge führen zur Bildung dieses Vitamins? . . .

Normalerweise wird B_{12} durch Milchsäurebakterien im menschlichen und tierischen Darm produziert, wenn die Nahrung Kobalt-Spuren zur Verfügung stellt. Also ohne Kobalt kein Vitamin B_{12}. Und weil B_{12} einen Kobaltkern besitzt, wird es *Cobalamin* genannt.

Wie aber kommt B_{12}, das die Eigenschaft eines Enzymes hat, in den Boden? Es wird

Die Bindung von molekularem Stickstoff (N_2) durch Azotobakter

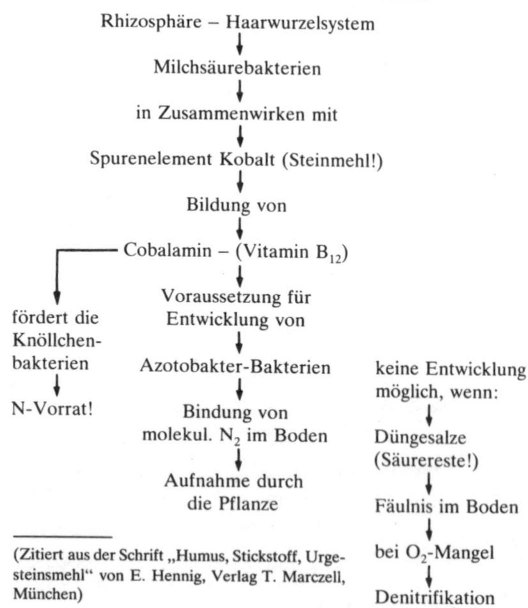

(Zitiert aus der Schrift „Humus, Stickstoff, Urgesteinsmehl" von E. Hennig, Verlag T. Marczell, München)

nach neueren Erkenntnissen im Wurzelbereich und in den Wurzeln der Pflanze erzeugt, sofern eben das Spurenelement Kobalt vorhanden ist.
Und so können wir uns die Zusammenhänge etwa vorstellen: In der Rhizosphäre, im Wurzelbereich, entwickelt sich, sobald die Pflanze grün wird, also Chlorophyll bildet, eine Spezialflora, also Organismen, die in Symbiose mit den feinen Wurzelhaaren leben . . . Ist nun im Boden das Spurenelement Kobalt vorhanden, so ist der Weg frei zur Bildung von Vitamin B_{12}, dem Cobalamin.
In diesem Zusammenspiel von Bakterien des Wurzelbereiches, Kobalt und Cobalamin (B_{12}) kann unsere bodeneigene Stickstoff-Fabrik in Tätigkeit treten, denn beide Gruppen von Bakterien – die Knöllchenbakterien und die Azotobakter – sind von B_{12} abhängig.
Der ökologische Landbau hat es in der Hand, die Voraussetzungen für die Bildung des Cobalamins und in der Folge für den Nachschub von stickstoffbindenden Azotobakter zu schaffen.
Eine einfachere, billigere und Energie sparende Methode der Stickstoffbeschaffung gibt es nicht!
Dieses soeben vorgetragene Zusammenspiel, das sich uns in der Rhizosphäre, im Bereich der feinen Wurzelhaare, offenbart, ist geradezu faszinierend und wissenschaftlich bewiesen (Botanisches Institut der Universität Basel)."
Die praktische Auswirkung? Lange Jahre wunderte man sich, warum in Böden von Almwiesen, die im Frühling von Gebirgswässern überflutet werden, ein unerwartet hoher Stickstoffanteil vorhanden ist. Das Geheimnis wird durch das vorgenannte Beispiel gelüftet: In Gebirgswässern ist Steinmehl vorhanden. Dieses enthält Kobalt als Spurenelement. Diese winzigen Mengen genügen bereits, um den vorerwähnten Kreislauf und damit eine Stickstoffanreicherung in Gang zu bringen.
Es gibt aber noch weitere solche hochinteressante Verbindungen, die, jeweils in kleinsten Mengen angewendet, erstaunliche Ergebnisse bewirken. Nur vier seien hier aufgeführt:

a) *Humusverbesserer:* Bekannt sind die Präparate *502* bis *507* der biologisch-dynamischen Wirtschaftsweise. Es handelt sich um Präparate aus Schafgarbe, Kamille, Löwenzahn, Eichenrinde, Baldrian und Brennessel, die nach einem ganz bestimmten Verfahren von den Beratern dieser Wirtschaftsweise hergestellt werden.
Ein verwandtes Produkt ist der Humusverbesserer *Humofix* der Abtei Fulda als eine fertige Mischung der gleichen Kräuter, zusätzlich noch mit Milchzucker verrieben. In außerordentlich geringen Mengen – nur 1,2 g pro m^3 Kompost – wird es dem Haufen in verdünnter Form beigegeben und bewirkt eine schnellere wie auch bessere Rotte.
Von einer stofflichen Wirkung kann man hier nicht mehr sprechen, eher von einer Anregung, einer „Animation" des Bodenlebens, das nun seinerseits das Kompostmaterial schneller und besser verarbeitet.
Gerade von *Humofix* gibt es aber auch Berichte, daß dieses, mit Wasser verdünnt auf Saatreihen ausgesprüht, die Pflanzen schneller und kräftiger wachsen läßt wie auch Krankheiten verhüten hilft. Zu Saatbädern kann man es verwenden, damit die Samen schneller und sicherer aufgehen und kräftige Pflanzen hervorbringen.
Düngemittel? Im Sinne des Wortes nicht, in der Wirkung aber durchaus.

b) *Hefen:* Die Luft ist voll von Hefezellen – sonst gäbe es ja keine milchsaure Gärung und keine Wein- oder Essiggärung. Hefekonzentrate, wie sie z. B. bei der

Weinherstellung abfallen, sind ein erstaunliches „Düngemittel“, das selbst in höchster Verdünnung noch verblüffende Resultate erzielt. Industriell hergestellt werden Wildhefepräparate, die ebenfalls im Gartenbau Eingang gefunden haben. Eine Verdünnung von 1:10 000, also 1 g eines solchen Hefeproduktes verteilt auf 10 l Wasser, und hiermit den Komposthaufen oder die Saatbeete begossen, bewirkt ähnliche Erscheinungen wie unter a) genannt. Auch hier kann man von einer stofflichen Düngung nicht sprechen, denn die Stickstoffanteile der Hefemenge sind viel zu gering, als daß sie diese Wirkungen erzielen könnten. Reiz- oder „Liebes“wirkungen wie man es den unter a) genannten Produkten nachsagt? Möglich, aber den eigentlichen Wirkungseffekt kennen wir nicht.

c) *Algen-Flüssigextrakte:* Auch diese Produkte zeigen, seien sie direkt auf die Pflanze versprüht, auf die Beeterde gegossen oder über den Dunghaufen gegeben, in Verdünnungen von 1:10 000 ähnliche Wirkungen. Innerhalb von wenigen Tagen sprießt die Saat frischer, werden die Pflanzen grüner und wachsen besser. Dieses Produkt scheint sogar noch eine Wirkung gegen Schadpilze zu besitzen.

d) *Aminosäurenprodukte:* Es handelt sich um Erzeugnisse tierischer Aminosäuren, die durch Hydrolyse aus Landtieren und Fischen gewonnen werden. Sie enthalten *alle* lebenswichtigen Aminosäuren, die ja als Bausteine des Lebens gelten. Eine Verdünnung noch von 1:1000 ruft Wirkungen hervor, die staunen lassen. Nachgewiesene Mehrerträge von 10% im Weinbau, 15% bei Erdbeeren, 15% bei Rüben usw. können keinesfalls auf den geringen Stickstoffanteil von etwa 14% des Reinproduktes zurückgeführt werden.

3.6 Phytonzide

Unter Phytonziden versteht man flüchtige organische Stoffe, die Pflanzen aussenden, um Krankheiten abzuwehren. Unter dem Begriff Düngemittel kann man sie sicher nicht einordnen, andererseits dienen sie aber auch dazu, Pflanzen gesund und lebenskräftig zu erhalten. Sie sollen daher kurz besprochen werden.

Wir wissen, daß sich verschiedene Pflanzen gegenseitig vertragen, andere dagegen abstoßen. Dasselbe kennen wir von den Früchten der Pflanzen. Kartoffeln und Äpfel in einem Lagerraum zusammen lassen beide vorzeitig schrumpfen. Es sind die flüchtigen Phytonzide aus den Äpfeln, die diese Wirkung hervorrufen. So weiß man auch, daß Phytonzide der Kapuzinerkresse das Keimen der eigenen Pollen beschleunigen, andere Pollen dagegen am Wachstum hindern, beispielsweise die der Tomaten. Phytonzide wirken aber nicht nur im oberirdischen Bereich, sondern auch über Wurzelausscheidungen. Es ist bekannt, daß die Behandlung von Samen mit Phytonziden nicht nur Erfolge in der Abwehr bakterieller Infektionen bringt, sondern auch das Keimen eigener Samen verbessert und die Ernteerträge erhöht.

Wenn „düngen“ heißt, eine Pflanze zu ernähren wie auch gesund zu erhalten, so werden in Zukunft Erkenntnisse über Phytonzide zweifelsohne in diesen Bereich mit hinein gehören. Es ist eine noch sehr junge Wissenschaft, die vorwiegend von russischen Erkenntnissen gestützt wird. *Albert von Haller* hat mit seiner Schrift „Lebenswichtig aber unerkannt, Phytonzide schützen das Leben“ versucht, die heute noch geheimnisvollen Wirkungen dieser pflanzlichen Wirkstoffe zu erläutern (siehe Literaturhinweise).

In ihren Wirkungsbereich fallen aber nicht nur die hier erwähnten Ausscheidungen

der Pflanzen, auch die uns in vielen Fällen noch unbekannten Wirkungen von Arzneipflanzen gehören hierzu. Die Kraft von ätherischen Ölen wie auch die von den Pflanzen selbst produzierten Abwehrstoffe, die wir unter dem Begriff der „phenolischen Verbindungen" zusammenfassen, müssen dazu gerechnet werden.
Kenntnisse über Phytonzide befähigen uns, viele Phänomene im Pflanzenreich zu erklären. Sie haben daher durchaus praktische Bedeutung für Landwirtschaft, Gartenbau, Medizin, Gesundheitspflege, Ernährung und letztlich auch für den Umweltschutz. Sie werden uns in vielen Dingen zum Umdenken zwingen, und sie weisen darauf hin, wie vieles wir noch zu lernen haben.

Kapitel 4: Justus von Liebig – Der Kreislauf des Stickstoffs

Ein Buch über organische Düngung wäre unvollständig, wollte man nicht Justus v. Liebig würdigen. 1803 in Darmstadt geboren, wurde er zunächst Apothekerlehrling und studierte dann in Erlangen, Paris und Bonn. Er wurde durch Förderung des berühmten Gelehrten *Alexander v. Humboldt* bereits mit 21 Jahren Professor der Chemie an der Universität Gießen.
Durch den, für seine Zeit, mustergültigen Aufbau eines Laboratoriums – heute zu besichtigen im Deutschen Museum in München – machte er Gießen zum Mittelpunkt der chemischen Studien und bildete viele später berühmt gewordene Chemiker aus. Liebig beschäftigte sich zu Anfang seiner Laufbahn nicht mit der Bodenchemie; er entdeckte eine Reihe neuer Stoffe, beispielsweise das Chloroform, eines der ersten Betäubungsmittel. Auch mit der menschlichen Ernährung befaßte er sich: Der heute noch bekannte „Liebig's Fleischextrakt" ist auf seine Gedanken hin entwickelt worden.
Liebigs Thesen zur Mineraldüngung wurden bereits auf Seite 14 dargestellt. Im völligen Gegensatz jedoch zur allgemein verbreiteten Meinung, dieser geniale Wissenschaftler sei der Begründer der Mineraldüngung in der heute propagierten Form, war er in Wahrheit ein Verfechter der naturgemäßen Düngung, nämlich im Sinne der Rückführung *aller* mit den Ernten entnommenen Stoffe zum Boden. Hören wir ihn doch selbst einmal. In seinem Hauptwerk „Die Chemie in ihrer Anwendung auf Agrikultur und Physiologie" sagt er (in der 7. Auflage von 1862) zum Beispiel: „Der Verlust, den eine Stadt dem Lande durch die Vergeudung der Bodenbestandteile von einer Million Scheffel Korn oder Kornwerten zufügt, ist ganz gleich dem Verlust, den das Land durch die Ausfuhr von einer Million Scheffel Korn in ein fremdes Land erleidet." Na also, werden die Anhänger der Mineraldüngung sagen, Liebig meint also den Ersatz der Mineralien durch entsprechende Mineraldüngung.
Als Beleg für seine Anschauungen verweist er jedoch immer wieder auf die jahrtausendealte Landwirtschaft der Chinesen und Japaner, in der es keine Mineraldünger gab. So schreibt er in dem eben zitierten Buch: „Das japanische Inselreich mit seinem gebirgigen, höchstens bis zur Hälfte kultivierbaren Boden, mit einer größeren Einwohnerzahl als Großbritan-

nien, erzeugt nicht nur eine Fülle von Nahrung für alle seine Bewohner, ohne Wiesen, ohne Futterbau, ohne Einfuhr von Guano, Knochenmehl und Chilesalpeter, sondern es führt, seit seine Häfen geöffnet sind, jährlich nicht unbedeutende Quantitäten von Lebensmitteln aus.“ Und er fährt fort: „Die Grundlage des chinesischen und japanischen landwirtschaftlichen Betriebes ist der vollständige Ersatz aller dem Boden in den geernteten Feldfrüchten entzogenen Pflanzennährstoffe.“

Liebig dachte aber nicht nur an die Pflanzennährstoffe, also an Stickstoff, Phosphate, Kali und die weiteren Nährelemente, sondern an den Humus, und zwar gerade als Vermittler des Stickstoffs.

Hören wir, was er in seinem oben genannten Hauptwerk über den Ursprung, über die Quellen des Stickstoffs in der Pflanzenernährung sagt: „Eisenoxydhaltiger Boden und gebrannter Ton, dessen poröser Zustand das Einsaugen von Gas noch mehr begünstigen, sind also wahre Ammoniaksauger, welche es durch ihre chemische Anziehung vor der Verflüchtigung schützt ...“ Liebig bezieht sich bei solchen Darlegungen gern auf seine Vorgänger in der Erforschung der Pflanzenernährung, so z. B. auf den Schweizer *N. Th. de Saussure*; er bringt dessen Beispiel vom Kohlepulver, das in frisch geglühtem Zustand in „1 Volumen davon 90 Volumina Ammoniakgas in seine Poren aufnimmt“. Damit findet er den Übergang zur Bedeutung des Humus als Stickstoffspeicher: „In dieser Fähigkeit kommt der Kohle das verwesende Holz (Eichenholz) sehr nahe, da es, unter der Luftpumpe von allem Wasser befreit, 72mal sein eigenes Volumen davon verschluckt. Wie leicht und befriedigend erklären sich nach diesen Tatsachen die Eigenschaften des Humus (der verwesenden Holzfaser). Er ist nicht allein die lange andauernde Quelle von Kohlensäure, sondern er versieht auch die Pflanzen mit dem zu ihrer Entwicklung unentbehrlichen Stickstoffe. Wir finden Stickstoff in allen Flechten, welche auf Basalten, auf Felsen wachsen; wir finden, daß unsere Felder mehr Stickstoff produzieren, als wir ihnen als Nahrung zuführen ...“

Liebig führt diese Beobachtungen und Schlußfolgerungen noch weiter fort, um diese Ausführungen zu beenden mit den Worten: „... und kein Schluß kann wohl besser begründet sein als der, daß das Ammoniak der Atmosphäre es ist, welches den Pflanzen ihren Stickstoff liefert.“

Liebig verfocht also das Prinzip des Kreislaufes der Stoffe und predigte auch immer, daß der Humus unersetzlich sei. Er war nicht grundsätzlich gegen „ein wenig Chilesalpeter“ – damals gab es noch keinen synthetischen Stickstoff –, der nützlich sein und die Erträge *momentan* steigern könne. Niemals aber empfahl er eine agrochemische Stickstoffdüngung, wie sie heute praktiziert wird.

Liebig war dagegen fasziniert von der chinesischen und japanischen Landwirtschaft, wie eingangs dieses Kapitels anhand eines Zitats gezeigt wurde. In späteren Jahren erhielt er noch den Auftrag, ein Gutachten zu erstellen, wie der gesamte Abfall der Stadt London am besten zu verwerten sei. Es war modernstes „Recycling“, was er plante. In seinem Brief an *Theodor Reuning* vom 24. 1. 1865 schreibt er darüber: „Ich hatte zwei Monate lang mit einem Gutachten über den Wert der Kloakenstoffe der Stadt London zu tun ... Sie wissen ... daß in der Anwendung der Kloakenstoffe für die Zwecke des Feldbaues meine ganze zwanzigjährige Wirksamkeit gipfelt ... 2 Mill. Pfund Sterling ... dies ist der Wert, wenn diese Stoffe für die Düngung der Ackerfelder verwendet werden ...“

Viele seiner Gedanken zu diesen Fragen

entnimmt man seinem Buch „Naturwissenschaftliche Briefe über die moderne Landwirtschaft" (Leipzig 1859). Aus dem 11. Brief Seite 197: „Darum ist der Stickstoffgehalt des Inhalts der Latrinen, der Poudrette, des Stallmistes und des Guano kein richtiges Maß für ihren landwirtschaftlichen Wirkungswert, der auf ihrem Gehalt an den Bestandteilen der Samenasche beruht; aber von zwei Guano*sorten*, die man analysiert, kann man mit ziemlicher Sicherheit diejenige als die reinste ansehen, welche in % das meiste Ammoniak enthält.

... Es ist deshalb wohlbegründet, zu sagen, daß der Wert der Guanosorten, der Poudrette und des Stallmistes in einem gewissen Verhältnis zu ihrem Stickstoffgehalt stehe, aber der Schluß, den man daraus gezogen hat: daß ihr ganzer Wert, ihre ganze Wirkung auf die Felder auf diesem Stickstoffgehalt beruhe ... ist keiner Begründung fähig und eine Übereilung. Wäre ein Landwirt auf die Empfehlung der Verbreiter dieser sog. Stickstofftheorie hin so töricht, seine Felder nur zehn Jahre hintereinander mit Ammoniaksalzen oder Chilesalpeter zu düngen, und im Vertrauen darauf, daß sie den Stalldünger, die Poudrette, den Guano ersetzen könnten, alle seine Feldfrüchte zu verkaufen, er würde nach diesen zehn Jahren ein Bettler sein."

Eine weitere aufschlußreiche Quelle für Liebigs Ansichten ist sein über mehrere Jahrzehnte, bis kurz vor seinem Tod geführter Briefwechsel mit dem bereits erwähnten *Theodor Reuning*, der ab 1849 Generalsekretär der Landwirtschaftlichen Vereine Sachsens sowie Regierungskommissar für alle landwirtschaftlichen Angelegenheiten war.

Aus dem Briefwechsel lesen wir im Schreiben Reunings an Liebig vom 9. 1. 1861: „.. Was mich aber seit Monaten ganz einnimmt und meist beschäftigt, ist, für die praktischen Landwirte aus der Erfahrung darzulegen, wie die Stickstoff-Theorie ein wissenschaftlicher Unsinn ist...

Der Stickstoff ist also zwar ein Nahrungsmittel der Pflanze, aber ein solches, das die Atmosphäre darbietet. In den Boden gebracht, kann er die Vegetation beschleunigen, aber er ist ein Wechsel, an den Boden ausgestellt, der zuletzt das Kapital absorbiert."

Liebig antwortete am 20. 1. 1861: „Was Sie aus den vierjährigen Versuchen in Beziehung auf den Stickstoff gezogen haben, finden Sie in allem. Überall bedingen die nicht flüchtigen Nahrungsstoffe, darunter die Phosphorsäure am handgreiflichsten, die Dauer der hohen Erträge; Ammoniak und die Stickstoffverbindungen, wenn sie auch in besonderen Fällen höhere Erträge bei Getreidepflanzen geben, vermindern die Fruchtbarkeit der Felder...

Da alle Bodenarten in ihrer Zusammensetzung unendlich verschieden sind, so kann kein Dünger, von welcher Beschaffenheit er auch sei, auf allen eine gleiche Wirkung haben; so auch das Abraumsalz... Sie haben hier den schlagendsten Beweis, daß sich die Erträge ganz ohne Einfuhr von Stickstoff steigern lassen, denn das Abraumsalz enthält keinen."

Weiter schrieb Liebig an Reuning am 5. 6. 1861: „Die wichtigste Tatsache in Ihrer Abhandlung ist, daß die stickstoffhaltigen Dünger nicht proportionell dem Stickstoffgehalte wirken, daß unter gewissen Verhältnissen phosphorsäurereiche mehr Stickstoff in den Ernten liefern als stickstoffreiche... denn eine jede Lehre muß zur Verbreitung entweder Leute finden, die sie verstehen, oder solche, die daran *glauben*."

Auch über die Schäden zu hoher Mineraldüngung wußte Liebig durchaus Bescheid, er schrieb an Reuning am 15. 10. 1863:

„Wenn der innere Widerstand fehlt, durch eine mangelhafte Ernährung, dann wirken die äußeren Schädlichkeiten ein, das Heer von Schimmel und Pilzen zerstört das widerstandslose Individuum; die Natur will nur, daß sich das Gesunde fortpflanzt!“

Die Forschung bestätigt Liebigs Annahmen

Was Liebig seinerzeit noch nicht wußte, aber erahnte, ist der Stickstoffkreislauf zwischen Ackerboden, Pflanze und Luft. Unsere Atemluft besteht zu 78% aus Stickstoff. Wir wissen, daß nicht nur bestimmte Bakterienarten, so z. B. die Knöllchenbakterien, die Azotobakter, auch bestimmte Algenarten, Stickstoff sammeln, wir wissen auch, daß aus dem Abbau der Überreste organischen Lebens Stickstoff freigesetzt und im Humus dann gebunden wird.

Was Liebig aufgrund von untrüglichen Anzeichen angenommen hatte, wurde 15 Jahre nach seinem Tode bewiesen – die Lücken im „Indizienbeweis“ wurden geschlossen: Die Stickstoffbindung durch die in diesem Buch schon wiederholt genannten Knöllchenbakterien wurde entdeckt, *Hermann Hellriegel* veröffentlichte seine Arbeit über die „Stickstoffnahrung der Gramineen und Leguminosen“. Aber noch heute arbeiten Wissenschaftler an der Erforschung des komplizierten Stickstoffkreislaufes mit seinen gasförmigen und mineralischen Formen.

Die Möglichkeiten der natürlichen Stickstoffzufuhr aus der Luft, über Fruchtfolge und Bakterienförderung und eines Stickstoffnachschubes aus Kompost wären ausreichend, wenn wir nicht mit zuviel künstlichem Stickstoff wie auch anderer scharf wirkender Düngemittel die Tätigkeiten gerade dieser Bakterien und sonstigen niederen Pflanzen unterbänden. Düngen wir nämlich zuviel künstlichen Stickstoff zu, so stellen sie augenblicklich ihre Tätigkeit ein! Ebenfalls stören wir ihren Lebenskreislauf durch Düngung zu hoher Kali- und Phosphormengen.

Negativ wirkt sich also immer das „Zuviel“ aus, denn ganz ohne diese Mineralstoffe können die Bakterien natürlich auch nicht gedeihen, sie werden ja von ihnen auch zum Aufbau ihrer Zellen, zur Erhaltung der Lebensfunktionen benötigt. Ein Beispiel für einen Nährstoffmangel und seine Folgen ist in Kapitel 3.5 genannt.

Es gibt einen Versuch, den jeder in seinem eigenen Garten nachvollziehen kann: Pflanzen wir in einem möglichst vorher nicht gedüngten Boden Erbsen oder Bohnen an und betrachten im Spätsommer die vorsichtig herausgehobenen Wurzeln, so erkennen wir hieran reichlich Knöllchen, gebildet durch die Knöllchenbakterien. Sie leben in Symbiose, d. h. in einem Verhältnis wechselseitigen Austausches, mit diesen Leguminosenpflanzen. Durch diese erhalten sie Mineralstoffe und zuckerartige Stoffe; sie dagegen sammeln Stickstoff aus der Luft und stellen ihn der Pflanze zur Verfügung. Sie sammeln dabei mehr Stickstoff, als die Leguminose braucht, sie versorgen damit den Boden auch noch für das nächste Jahr, sogar die nächsten Jahre.

Düngt man nun eine parallel angepflanzte Reihe der gleichen Erbsen mit künstlichem Stickstoffdünger (wie übrigens auch mit überreichlichen Gaben eines organischen Stickstoffdüngers, z. B. Blutmehl!), so wird man keine oder nur ganz wenige solcher Knöllchen feststellen. Die Bakterien hatten es nicht nötig, Stickstoff aus der Luft zu sammeln, er wurde ihnen ja frei zugeführt! Wieso sich anstrengen, wenn man etwas doch so bekommt! Wir haben also den Boden mit fremder Energie versorgt, statt die Möglichkeiten, die die Natur uns bietet, auszunutzen.

Moderne Stickstoff-Untersuchung im Sinne Liebigs

Den größten Fehler in dieser Rechnung mit der Natur begehen wir dabei aufgrund falsch ausgeführter Bodenanalysen. Analysiert man nämlich Stickstoff aus von Oktober bis März entnommenen Bodenproben, so wird man einen geringen Stickstoffgehalt feststellen. Dann aber erwacht das Bodenleben und damit auch das der Algen und Bakterien. Entnimmt man Proben aus dem gleichen Boden im Mai, so wird man weitaus höhere Stickstoffwerte erhalten. Das ist auf die Tätigkeit dieser stickstoffsammelnden und -umsetzenden Organismen aller Art zurückzuführen. Zu gleicher Zeit beginnen aber auch stickstoffzehrende Bakterien und sonstige Kleinstlebewesen ihre Tätigkeit, denn es gibt kein Leben ohne Stickstoffverbrauch. Es ist also ein ständiges Auf und Ab der Stickstoffvorräte im Boden.

Wird nun nur einmal im Jahr eine Bodenprobe entnommen, so kann man, je nachdem zu welcher Jahreszeit dieses geschieht, zu völlig falschen Schlüssen über den tatsächlichen Stickstoffbestand kommen – dieser ist niemals gleich! Ein Gärtner oder Landwirt, der aus einer Bodenprobe vom Januar seinen Stickstoffbedarf für die geplante Kultur errechnet, wird viel zuviel düngen gegenüber einem anderen, der seine Proben im Mai entnimmt.

Aus dieser Erkenntnis heraus entstanden die modernen Methoden der Stickstoffmessung im Boden. Selbst der Laie kann damit den Zudüngebedarf errechnen. Diese Zudüngung erfolgt dann nur in der gerade notwendigen Menge, so daß eine zu hohe Stickstoffdüngung mit all ihren schädlichen Folgen nicht mehr vorkommen kann. Einfach und somit für Gartenbesitzer und Landwirte anwendbar ist die Stickstoffbestimmung mit dem *Agro-Quant*®-Bodenlabor, das im Labor-Fachhandel zu haben ist. Grundlage dieses Verfahrens sind Teststäbchen aus Kunststoffstreifen, die eine mit Reagenzien imprägnierte Testzone aufweisen.

Wieso schädliche Folgen durch Überdüngung? Auch hier hat sich die Meinung grundlegend gewandelt. Bis vor wenigen Jahren las man in landwirtschaftlichen Lehrbüchern, daß eine Pflanze nur so viel Nährstoffe aus dem Boden herausholt, wie sie tatsächlich braucht. Gerade für den Stickstoff ist diese Ansicht falsch. Die Pflanze überfrißt sich förmlich! Sie lagert unnütz hohe Stickstoffmengen ein. Aus dem überhöhten Nitrat bildet sich, besonders während der Lagerzeit der Früchte, Nitrit; aus diesem wiederum können die gefürchteten nitrosaminen Verbindungen entstehen, die zu den krebserregenden Stoffen zählen.

Wir alle kennen die Kohlgemüse, die Blähungen verursachen, und Bohnen, die in Einmachgläsern gären und die Deckel sprengen. Zurückzuführen ist dies auf die zu hohen Nitratgehalte in den Gemüsen

Gewinn:	kg N/ha und Jahr
Nachlieferung (Mineralisation)	10–270
N-Bindung durch freilebende Bakterien etc.	~ 10
N-Bindung durch Knöllchenbakterien	100–200
Zufuhr aus Atmosphäre	~ 10
Zufuhr durch (Ø BRD) org. Düngung – für landwirtsch. genutzte Fläche	~ 70
Zufuhr durch (Ø BRD) anorg. Düngung – für landwirtsch. genutzte Fläche	~ 90
Verlust:	
Auswaschung (humide Böden)	5–> 30
Entzug durch eine Ernte	50–300
(sonstige Verluste nur in Sonderfällen bedeutsam)	

Entnommen aus: „Pflanzenernährung in Stichworten“ von Prof. A. Finck, Verlag Ferdinand Hirt, Kiel.

infolge überreichlicher Stickstoffdüngung. Lernen wir also, daß sich aufgrund der jahreszeitlich verschiedenen Temperaturen über die Aktivität des Algen-, Bakterien- und überhaupt des Pflanzenlebens der Stickstoffgehalt unseres Bodens jeweils ganz erheblich verändert. Die Tabelle auf Seite 51 gibt als *Durchschnittszahl* an, welche Stickstoffnachlieferung jeweilig erfolgt. Sie zeigt sehr deutlich, wie bei der Düngung mit anorganischen Düngemitteln nur noch eine Spitzenmenge gegeben werden sollte, um den Entzug durch die Ernte auszugleichen.

Im Garten und auf dem kleinen Acker ist es uns ohne weiteres möglich, die in der Tabelle genannten Zudüngungen mit anorganischen Stoffen, nur mit Kompost und organischen Düngemitteln vorzunehmen. Kompost ist *der* Stickstoffbringer in Gärten und zumindest auf kleinen Ackerflächen. Auf größeren Ackerflächen können Gründüngungspflanzen für einen ähnlichen Ausgleich sorgen.

Besonders die übertrieben hohe Stickstoffdüngung mit synthetischen Produkten führte dazu, daß die Pflanzen hochgetrieben wurden, ihre Widerstandskräfte verloren und anfällig wurden für Krankheiten und Insektenbefall. Botrytis, die Mehltauarten, besonders ein hoher Läusebefall, sind Anzeiger dafür, daß *wir* etwas falsch gemacht, vornehmlich die Pflanze mit Stickstoff überdüngt haben.

Folgen wir doch diesen Anzeigern, vermeiden wir zu hohe Stickstoffgaben, vertrauen dagegen mehr auf den Stickstoffkreislauf in der Natur und versuchen, diesen durch geeignete Bodenpflege, richtige Fruchtfolge, Gründüngung und Kompostgaben zu steuern.

Liebigs Schriften sind auch heute noch hochinteressant und lesenswert. Es sollte Schluß sein damit, daß dieser Forscher von der Agrochemie als Kronzeuge für ihre Gedanken herangezogen wird. Mit viel größerem Recht könnten das die Verfechter biologischer Landbauverfahren tun. Es wird Zeit, daß diese Justus v. Liebig für sich reklamieren!

Kapitel 5: Selbstherstellung organischer Düngemittel

Die in den nachfolgenden Unterkapiteln genannten Möglichkeiten, organische Düngemittel selber herzustellen, gelten für den Hausgärtner und den Kleinbetrieb, nicht für den berufsmäßigen Landwirt.

Eine Selbstherstellung ist im allgemeinen leicht, bedingt jedoch einen gewissen Arbeits- und Zeitaufwand, und es wird Platz im Garten benötigt. Dieser Platz jedoch ist keineswegs verschenkter Raum, sondern umgekehrt eine besonders sinnvoll genutzte Fläche: Hier wird produziert, was unsere Pflanzen zum Gedeihen brauchen, *und hier wird Geld gespart!*

Ist ein Garten groß, so sollte man, um Arbeitswege zu sparen, einen Kompost- und Arbeitsplatz dort errichten, wo er am bequemsten liegt: mitten im Gemüse- oder Obstgarten. Ist er klein, so verlegt man ihn zweckmäßigerweise in eine Gartenecke. Immer aber muß dieser Platz vom

---

Oben: *Tomaten und Melonen in einem Gewächshaus, in dem ausschließlich organisch gedüngt wird: Algenprodukte, Steinmehl, wenig organische Düngemittel (Gebr. Mahler, Gutshof Eichberg, ob Hallwil, Schweiz.).*
Unten: *Mischkultur in Mulch aus Zeitungskompost. Während der ganzen Vegetationszeit traten keine Pilzerkrankungen oder Insektenschäden auf.*

Bodenlabor
für Stickstoff,
pH und Kalkbedarf
MERCK
100
RUNDFILTER
Nitrat-Test
MERCK

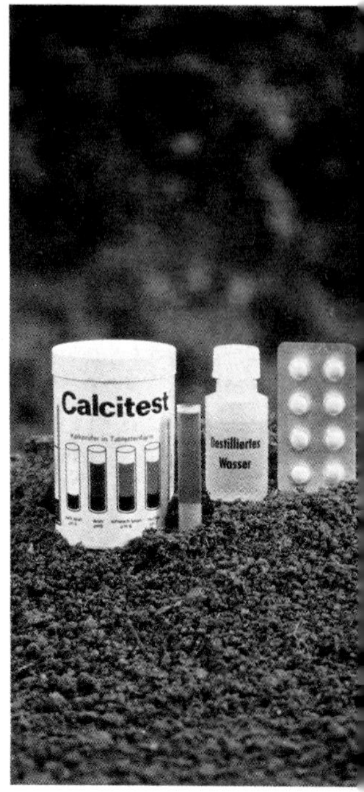
Calcitest
Destilliertes
Wasser

Haus aus, auch im Winter, leicht erreichbar sein.
Umzäunt wird der Kompostplatz von schattenspendenden Gebüschen oder Bäumen, beispielsweise Holunder, Weißdorn, Eberesche; auch eine Birke mit ihrem frühen, lichten Blätterdach ist nützlich. Vor Einblicken von Nachbarn schützt man den Platz durch eine immergrüne Hecke, z. B. aus Thuja, Fichten, Tannen oder Wacholder.
Am Kompostplatz braucht man einen Wasserhahn, einen Geräteschuppen, wenn dort nicht gar eine Gartenhütte ihren Platz finden kann. Der Boden kann eine Grasnarbe tragen, die stets kurzgehalten wird. Neben den später erwähnten Düngersilos stehen dort die Fässer für Pflanzenjauchen und Flüssigmist, hier werden Kompostmieten aufgesetzt, aber auch der fertige Kompost oder Zukaufhumus aufbewahrt – kurz, *dieser Platz ist das Herz des Gartens*. Werden die später gegebenen Ratschläge befolgt, so ist eine Geruchsbelästigung der Nachbarn nicht zu befürchten. Daß ein Kompostplatz ansehnlich, das heißt aufgeräumt sein sollte, versteht sich von selbst. Vorsorge gegen Ratten und Mäusezuzug ist zu treffen durch regelmäßiges Auslegen von Giftködern oder durch Ratten- und Mäusefallen. Den Polizeivorschriften ist also zu entsprechen. Besonders gilt dies in geschlossener Wohnlage.
Kein Handelsdünger kann selbsthergestellte Düngemittel ersetzen – man sollte daher prüfen, welche der nachfolgenden Möglichkeiten am geeignetsten erscheinen, selber Kompost herstellen zu können. Dann konzentriert man sich auf *eines* der selbstherstellbaren Düngemittel, damit man dessen Herstellung auch wirklich beherrscht; eine zweite Art kann später noch hinzu kommen, mehr sollte man sich nicht zumuten.

Oben links: *Kompletter „Testkoffer" zum Prüfen des Stickstoffgehalts, pH-Wertes und Kalkbedarfs mittels Reagentien und Farbvergleichen durch Teststreifen. Ein sicheres und preiswertes Gerät zur Prüfung des Boden-Kalkzustands.*
Oben rechts: *Tester zur Feststellung des Kalkgehaltes bzw. pH-Wertes von Böden: Calcitest nach Holzweißig.*
Unten: *Metall-Kompostbehälter System „Mücke". Auf dem Behälter rechts wurden Erdbeer-Jungpflanzen aus Ablegern angezogen – und die Gärungswärme genutzt.*

5.1 Jauche, Gülle und Mist – ihre Bearbeitung, Verbesserungsmittel, ihre Anwendung

Wer in der Lage ist, tierischen Dung oder Harn, gleich welcher Herkunft, im Garten verwerten zu können, der mag sich glücklich schätzen! Kaninchen werden in Gärten noch häufig gehalten, Hühner oder Gänse kaum noch, Großtiere selbstverständlich überhaupt nicht. Lebt man aber in einer Kleinstadt oder auf dem Dorf, so könnte man diese Stoffe auch kaufen, das lohnt sich allemal! Nachfolgend eine Tabelle der mittleren Nährstoffgehalte frischen Stalldüngers einzelner Tierarten.*

Mittlerer Nährstoffgehalt des frischen Stalldüngers der einzelnen Tiergattungen

In 1000 kg Stallmist sind enthalten kg:

	Stickstoff (N)	Phosphorsäure (P_2O_5)	Kali (K_2O)	Kalk (CaO)
Rind	4,5	2,4	5,5	4,5
Pferd	5,8	2,8	5,3	3,0
Schaf	8,5	2,5	6,7	3,0
Schwein	4,5	1,0	5,5	0,5
Huhn	17,0	16,0	9,0	20,0

Wie man sieht, sind die Nährstoffanteile in den einzelnen Mistarten recht verschieden. Viel wichtiger aber als die Nährstoffgehalte sind jedoch die sonst noch in die-

* Entnommen aus: „Neues großes Gartenlexikon" von Georg E. Siebeneicher (Hrsg.), Südwest Verlag, München.

sen Stoffen enthaltenen Spurenelemente, Bakterien sowie die organische Masse.

Man muß zwischen den drei oben aufgezählten Dungarten unterscheiden: Unter *Jauche* versteht man den flüssigen Harn von Tieren, der unter Umständen mit etwas Kot, aber auch Spülwasser, versetzt sein kann und in Behältern für sich gesammelt wird. *Gülle* nennt man den flüssigen Stalldünger, der sich aus Harn, Kot und Wasser zusammensetzt. Man unterscheidet dabei auch noch in Harngülle, die recht kotarm ist, Kotgülle, die harnarm ist (der Harn wird in diesem Fall durch das Stroh des Stalles gebunden) und Vollgülle, auch Flüssigmist genannt, die aus Kot *und* Harn besteht. *Mist* nennt man dagegen den Festkot der Tiere; er ist je nach Stallhaltung entweder rein oder aber mit Stroh oder Häcksel bzw. Einstreu vermischt.

Für den Gartenbesitzer sind alle Jauchen oder Miste verwendbar. Anders als in der Landwirtschaft, die diese Produkte zum Teil auch frisch oder teilkompostiert einsetzt, kommen sie *im Garten niemals direkt auf den Boden, sondern stets nur nach vorangegangener Kompostierung!* Alle Flüssigmiste werden dabei in einer Holz- oder Plastiktonne aufbereitet, die Trockenmiste in einer Kompostmiete.

Wie geschieht die Verarbeitung? Die *Flüssigmiste* werden, damit sie besser verrührt werden können, mit der gleichen Menge Wasser verdünnt. Jetzt streut man je 10 l Flüssigkeit 200 g Gesteinsmehl möglichst feiner Vermahlung oder Tonmehl (*Bentonit, Edasil®*) hinein. Noch vorteilhafter ist es, aus diesen Materialien bereitete Spezialmittel zu verwenden, wie z. B. *Agriben®* der Fa. Süd-Chemie AG. oder *Bio-Min-Braun* der Fa. Hauri KG (s. Lieferantenhinweise). Diese Produkte binden den Fäkalgeruch spontan und beschleunigen und verbessern die Rotte erheblich. Es gibt noch eine Reihe weiterer guter Humifizierungspräparate, die z. T. ebenfalls eine ausgeprägte Geruchsbindung bewirken (siehe Lieferantenhinweise).

Man rührt diesen Flüssigmist *täglich* einmal *kräftig* um, und zwar so, daß durch den Strudel möglichst viel Luft in die Flüssigkeit gelangt. Im übrigen bleibt die Tonne verschlossen. Sobald wieder Gerüche auftreten, spätestens jedoch nach 7 bis 10 Tagen wird die Zugabe der erwähnten Verbesserungsmittel erneut vorgenommen. Das wird so lange wiederholt, bis eine homogene, kaum noch riechende Flüssigkeit entstanden ist. Der scharfe Fäkalgeruch muß gänzlich verschwunden sein zugunsten eines milden Kompostgeruches. Je nach Temperatur ist dies nach ein bis drei Monaten erreicht. In der Kälteperiode des Winters kann diese Art der Flüssigkompostherstellung natürlich nicht vorgenommen werden; das Material ist zu kalt, die Zersetzungsbakterien arbeiten dann nicht.

Anschließend wird dieser kostbare Flüssigdünger *mindestens 1 : 5 mit Wasser verdünnt* auf die Beete, den Rasen gebracht. Er kann auch während der Vegetation über die Nutzpflanzen gebraust werden, dann jedoch *in einer Verdünnung von mindestens 1 : 10*. Anschließend sollten die Pflanzen mit reinem Wasser überbraust werden. Jede Art der Anwendung erfolgt in den Morgen- oder Abendstunden, *niemals* bei Sonnenschein.

Festmist, gleich welcher Tierart, wird zu einem Haufen aufgesetzt und dabei nach jeweils 10 cm Aufschichtung pro m^2 1 kg der oben erwähnten Verbesserungsmittel aufgepudert. Dann kommt eine neue Lage von wiederum 10 cm Stärke, wieder Verbesserungsmittel usw. – bis die Miete etwa 1 m Höhe erreicht hat. Die Seitenwände sind schräg, oben versieht man sie mit einer leichten Vertiefung, so daß sich der Regen sammeln kann.

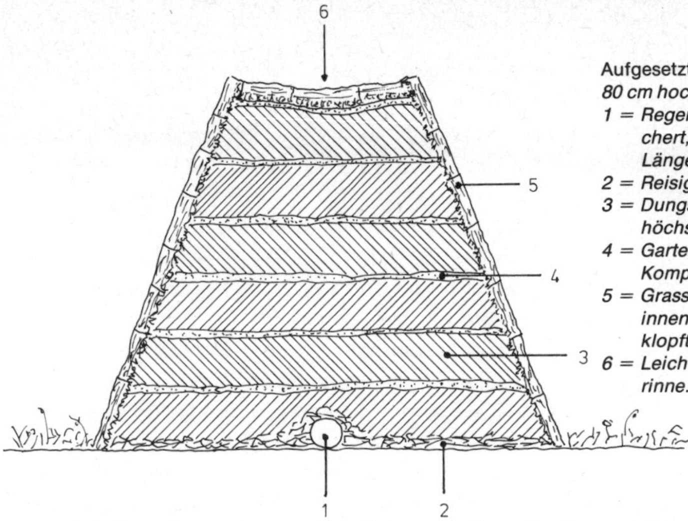

Aufgesetzte Dungmiete *1 m breit, 80 cm hoch, Seitenwände ca. 70°.*
1 = Regenrohr, stark durchlöchert, geht durch die gesamte Länge der Miete.
2 = Reisig oder Stroh oder Torf.
3 = Dungschichten 10 cm bis höchstens 15 cm hoch.
4 = Gartenerde + Steinmehl + Kompostkräuter.
5 = Grassoden, Grasschicht nach innen, oder Erdmantel, festgeklopft, oder Strohabdeckung.
6 = Leichte Vertiefung als Gießrinne.

Jetzt wird diese Dungmiete an den Seitenrändern und von oben mit Erde oder Sand, Grassoden, Grasschnitt, Strohhäcksel, zur Not auch Strohmatten, in jedem Fall aber mit *atmungsfähigem Material* vollständig abgedeckt und dann ruhen gelassen.

Je nach Jahreszeit benötigt das Dungmaterial mindestens ein halbes, voraussichtlich aber ein ganzes Jahr, um vollständig zu verkompostieren. Man prüft den jeweiligen Reifezustand gelegentlich. Das Material darf nach vollendeter Reife keinerlei Dunggeruch mehr aufweisen, muß dunkelbraun bis schwarz gefärbt sein, eine einheitliche Struktur aufweisen; also auch Einstreu von Stroh, Gras usw. sollte bis auf wenige Reste mit vererdet sein. Es fühlt sich krümelig und locker an. Regnet es in der Lagerzeit zuviel, wird der Haufen abgedeckt, ebenso im Winter. Ab und zu wird die Feuchtigkeit geprüft, denn trokken darf die Miete niemals sein.

Das Ergebnis ist der Traum eines jeden Gärtners. Vollbracht haben dies die Bakterien, Kleinlebewesen und die Würmer, die vom Boden aus aufgestiegen sind, den Inhalt um- und umgesetzt und zusätzlich noch mit ihrem Kot bereichert haben.

Diesen Mistkompost sollte man vor Gebrauch durchsieben. Er kann so feiner über die Beete gestreut werden, als wenn man ihn ungesiebt verwendet. Er wird im Frühjahr mit 1 bis 3 kg pro m^2 ($^1/_4$ bis $^2/_3$ 5-l-Eimer) auf die Beete gegeben, kann aber genausogut zu den jeweiligen Haupt- oder Nachkulturen verwendet werden bzw. als „Kopfdünger“, wenn sich Triebstockungen zeigen.

Die Verwendungsmöglichkeit des Mistkomposts ist vielfältig: Im Blumengarten, besonders bei Rosen, Lilien und Iris, wird er den gleichen Segen stiften wie im Gemüsebereich oder unter Obstbäumen. Für Ziergehölze ist er in der Regel zu schade, weil zu knapp.

Zusammengefaßt: Es lohnt sich, mit einem Landwirt Verbindung aufzunehmen, ob man nicht ein Faß voll Jauche, Gülle oder sogar 1 bis 2 m^3 Mist bekommen kann. Der daraus hergestellte Flüssig- oder Festkompost ist unbezahlbar!

5.2 Silo- und Haufenkomposte, Kompostverbesserungsmittel, Sonderkomposte

Silokompost nennt man das Material, das in einem Kompostsilo aus Holz, Zement, Blech oder Kunststoff erzeugt wurde; unter *Haufenkompost* solches, das in einer Kompostmiete bereitet wurde. Ob man einen Silo aufstellt oder eine Miete anlegt, spielt für das Ergebnis der Kompostierung kaum eine Rolle; es ist mehr eine Platz-, Arbeits- und Zeitfrage. Hat man Platz, so wird man Mieten errichten. Sie erfordern beim Aufbau und ihrer Abdeckung zwar etwas mehr Arbeit, das Material läßt sich jedoch leichter umsetzen.

Der Verfasser rät für einen kleineren bis mittleren Garten jedoch zu einem Kompostsilo, weil er leicht befüllt, sein Feuchtigkeitsgehalt gleichmäßiger gehalten werden kann. Außerdem kommen Vögel und anderes Getier nicht so leicht daran.

Wird das Kompostmaterial vor Beschikkung gut zerkleinert und verwendet man die nachstehend genannten Kompostierungshilfsmittel, so kann man sich bei einem Kompostsilo sogar das Umsetzen des Inhalts ersparen.

Es gibt viele Typen von Kompostsilos fertig zu kaufen, genausogut kann man sich aber auch selber einen bauen. Es würde hier zu weit führen, Vor- und Nachteile der einzelnen Silotypen zu beschreiben sowie alle die vielen Möglichkeiten aufzuzählen, die sich bei der Kompostherstellung bewährt haben und die in Fachbüchern beschrieben sind. Der Verfasser nennt hier daher nur seine eigene, in vielen Jahren erprobte Methode und zählt die verwendeten und bewährten Komposthilfsmittel auf.

Haushalts- und Gartenabfälle werden beim Verfasser in *einem* Kompostsilo gesammelt. Das gleiche gilt für Sonderkompost aus Zeitungen, die gemeinsam mit Rasenschnitt verarbeitet werden. Komposte dagegen aus Laub und Heckenschnitt, Zweigen usw., soweit das Material durch einen Häcksler noch zerkleinert werden kann, werden als Sonderkomposte in Mieten aufgesetzt.

Kompostsilo: Man verwendet 4 Rundpfähle, 8 bis 10 cm stark, 1,50 bis 1,60 m lang. Diese werden im Viereck im Abstand von jeweils 1 m so weit in den Boden geschlagen, daß sie noch ca. 1,20 m über dem Bodenniveau stehen. Sie werden rundherum an der Oberkante mit sog. Dachlatten verschraubt, so daß ein fester Rahmen entsteht, der die Pfähle zusammenhält. Sie werden ummantelt mit einem verzinkten, feinmaschigen Drahtzaun, Masche viereckig, Maschenweite 1 cm. Man kann auch den bekannten Kaninchendraht verwenden, muß diesen aber dann doppelt legen. Der Draht wird lediglich mit Krampen an den Holzpfählen befestigt. Drahthöhe 1 m, Länge 4,50 m. An der Überlappungsstelle außen wird das Drahtgeflecht mit Bindfaden oder Bindedrähten zusammengebunden. Hier öffnet man später den Silo wieder.

Um den Draht herum legt man jetzt Stroh- oder Sisalmatten (aus alten Kartoffelsäkken), die für Dunkelheit sorgen, luftdurchlässig sind, jedoch Wind abwehren und die Wärme des Haufens besser halten. Wer es

Einige häufig vorkommende Bodentiere

Schnurfüßler (bis 30 mm)
(Julidae)

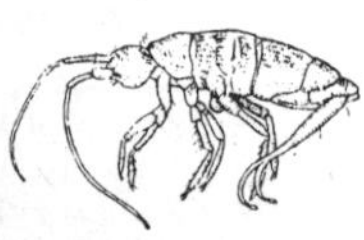

Springschwanz (5 mm)
(Collembolae)

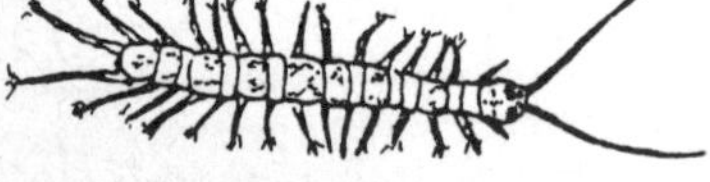

Steinläufer (20 mm)
(Lithobiidae)

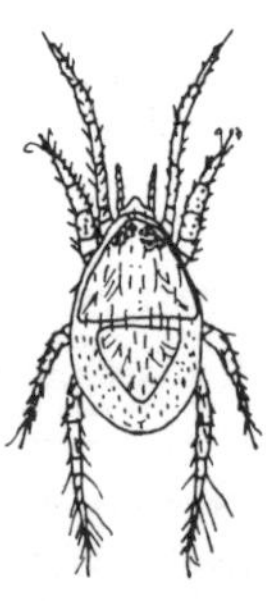

Raubmilbe (1 mm)
(Gamasides)

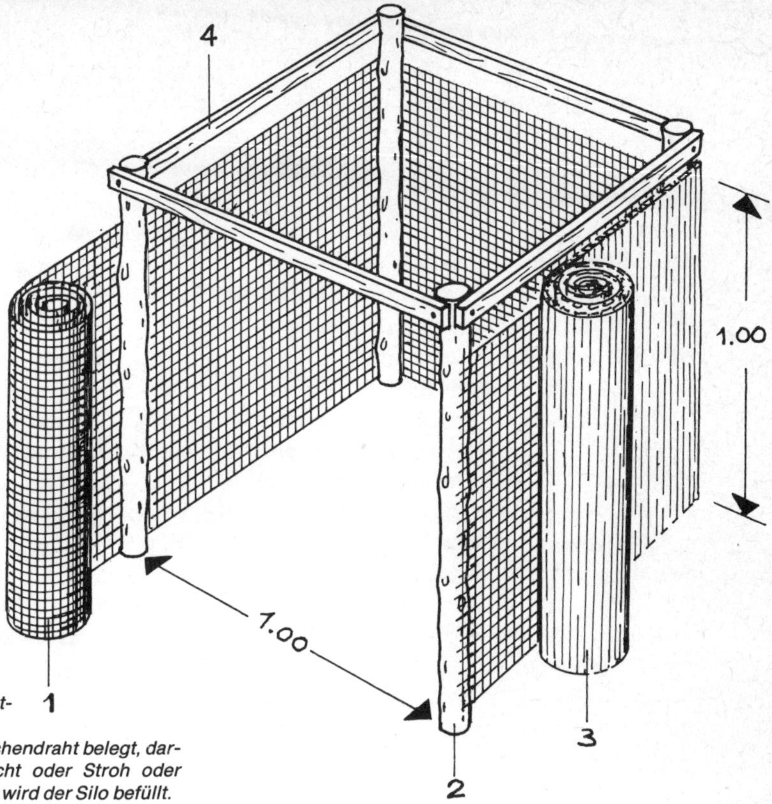

Kompostsilo billigster Bauart
1 = Maschendraht 1 x 1 cm, verzinkt
2 = Holzpfahl ∅ 8 cm, 1,50 m lang
3 = Strohmatte
4 = Holzrahmen aus „Dachlatten" 2,4 x 4,5 cm
Der Boden wird ggf. mit Maschendraht belegt, darauf kommt eine Reisigschicht oder Stroh oder Torf, ca. 5 cm hoch, dann erst wird der Silo befüllt.

besonders gut meint, stellt im Zentrum des Silos ein Regenabfallrohr aus Blech oder Kunststoff auf, Höhe ebenfalls 1 m, das kräftig durchlöchert wurde, so daß Luft von dort aus auch in die Mitte des Silos gelangen kann.

Wurden in der Gegend Spitzmäuse beobachtet, sind Maulwürfe im Garten, so wird der Boden des Silos mit dem gleichen feinmaschigen Drahtnetz abgedeckt, damit diese Tiere nicht in das Innere gelangen können, um dort die Regenwürmer aufzufressen.

Nun belegt man den Boden etwa 5 cm hoch mit Zweigen, Reisig, *grobem* Häckselmaterial, was eben gerade zur Verfügung steht, also einem Material, das nur langsam rottet und luftdurchlässig ist.

Jetzt wird befüllt. Die Holzumrandung oben verhindert, daß der Eimer das Drahtgeflecht niederdrückt. Man kann ihn auch gut daran ausklopfen. Gleichmäßig wird alles im Haushalt und im Garten vorkommende Material in den Silo hineingeschüttet, und zwar als möglichst vielfältiges Materialgemisch. In den meisten Fällen ergibt sich dies von allein. Es wird alles verwendet, was nur irgendwie verrottbar ist, also auch Kaffeesatz, Teesatz, der Inhalt des Staubsaugerbeutels, ab und zu auch ruhig etwas zerknülltes Zeitungspapier (keine Illustrierten!), selbstverständlich auch abgeblühte Topfblumen samt Erde, alle Pflanzenreste aus dem Gemüsegarten, Holz- und Braunkohlenasche; letztgenannte aber nur in verhältnismäßig kleinen Anteilen – wegen möglicher Gehalte an Schwermetallen.

Wir vermeiden natürlich jegliches Plastikmaterial, Glas, Blech, auch Öle. Auch der Schnitt von Thuja-, Fichten- oder Tannenhecken kommen nicht in den Silo! Infolge des hohen Gehaltes an ätherischen Ölen verrottet dieses Material nur langsam; fällt es an, so wird hieraus ein kleiner Sonderkomposthaufen aufgesetzt, der dann mehrere Jahre ruhen muß. Eierschalen gehören auf den Komposthaufen – aber nur gut zerrieben, will man nicht große Stücke jahrelang auf den Beeten wiederfinden.

Alle Pflanzenteile härterer Struktur, also kleine Zweige, Kohlstrünke usw. werden nach Möglichkeit nur zerkleinert hineingegeben. Hierzu tun ein Haublock und ein Hackmesser, neben dem Silo stehend, gute Dienste. Jedesmal die Häckselmaschine zu benutzen wäre zu umständlich. Räumt man dagegen im Herbst die Beete ab, hat viel Laubabfall, Rosenschnitt usw., so schickt man dieses alles durch die Häckselmaschine.

Kompostmiete Die Grundfläche in der Breite sollte 1 m nicht überschreiten, ihre Höhe beträgt ca. 70 bis 80 cm, die Seitenwände sind ca. 60° schräg, oben ist die Miete muldenförmig abgeflacht. Die Länge der Miete kann theoretisch unbegrenzt sein, eine Länge von etwa 4 m hat sich jedoch am besten bewährt. Die Materialauffüllung geht genauso vor sich wie beim Kompostsilo.

Aufsetzen und Abdecken Immer wenn bei Silo oder Miete eine ca. 20 cm hohe Materialschicht aufgesetzt ist, geben wir Kompostierungshilfsmittel hinzu, die die Rotte beschleunigen und verbessern und das Wurm-, Kleintier- und Bakterienleben des Komposthaufens anregen. Wir geben hierzu pro m^2 Kompostoberfläche folgende Mittel: 200 bis 500 g Gesteinsmehl – die verschiedenen Gesteinsmehle werden später näher beschrieben –, etwa 100 bis 200 g Algen- oder Korallenkalk und etwa 2 bis 3 Schaufeln Erde des eigenen Gartens. Es sollte sich nach Möglichkeit um

Fertig aufgesetzte Kompostmiete *1 m breit, 80 cm hoch, bis 4 m lang.*
1 = Regenrohr, kräftig durchlöchert, läuft durch die gesamte Mietenlänge.
2 = Kompostmaterial. Jeweilige Schichthöhe ca. 15 bis 20 cm.
3 = Zwischenschicht aus: Gesteinsmehl, Kompostkräuter, Gartenerde, evtl. Algenkalk.
4 = Oberfläche konkav als Gießrinne.
5 = Mit Stab ca. 50 cm tief eingestoßene Löcher zur Aufnahme von flüssigen Kräuterpräparaten bzw. Kompostierungshilfen bei fertig aufgesetzter Miete.
6 = Abdeckung mit Laub oder Gras oder Erde oder Stroh oder Matten oder Plane.
7 = ca. 10 cm hohe Schicht aus Reisig, Stroh, grobem Häcksel oder Torf.
Die Miete hat Bodenkontakt, steht also nicht *auf Steinplatten o. ä.; gegebenenfalls gegen Spitzmäuse und Maulwürfe ein Schutzgitter, Maschenweite 1 x 1 cm unterlegen. Kanten hochziehen und wieder umbiegen.*

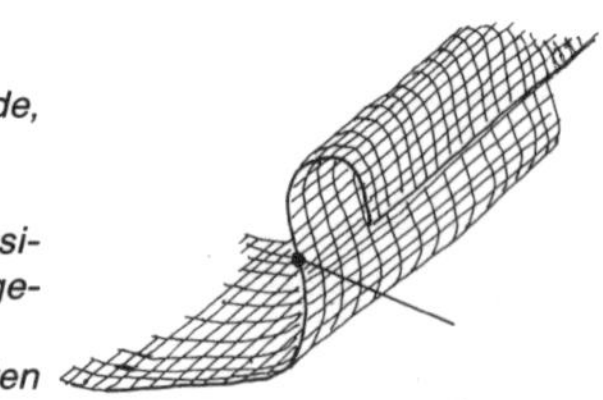

ca. 10 cm hochgebogen

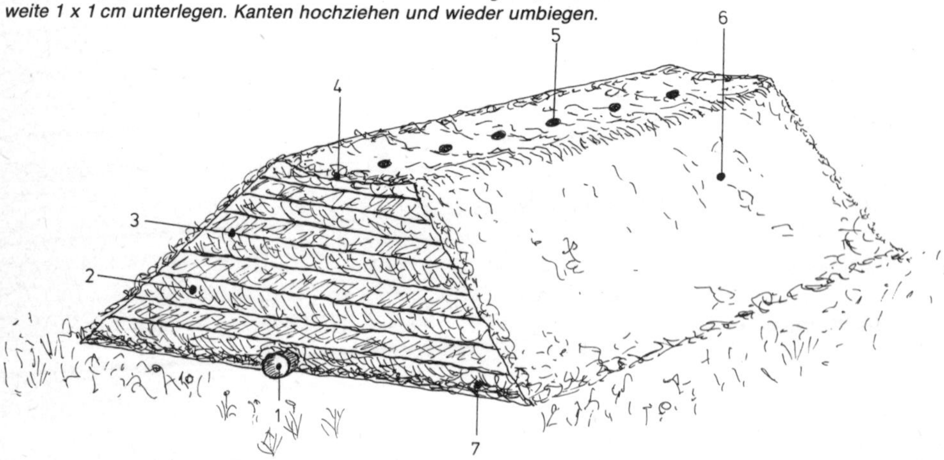

lehmige Erde handeln, aber auch Beeterde ist verwendbar. Diese Materialien werden gleichmäßig verteilt, leicht eingeklopft. Dann erfolgt die weitere Beschickung des Silos bzw. der Miete. Sonstige Hilfsmittel, wie Kompostbeschleuniger, Aktivatoren, Einsetzen gekaufter Regenwürmer, sind bei *diesem* Kompostmaterial und dem ja *langsamen,* d. h. nach und nach erfolgenden Auffüllen nicht notwendig. Die Verwendung dieser Hilfsmittel wird bei den Sonderkomposten beschrieben.

Ist es trocken oder regnet es viel, so wird das Material von oben mit einer Plastikplane vor Verdunstung bzw. zuviel Nässe geschützt. Der Inhalt muß sich stets *leicht* feucht anfühlen, sonst kann das Bakterien- und Kleintierleben nicht gedeihen. Er darf *niemals trocken* sein! Umgekehrt ist zuviel Nässe (und damit auch zuviel Kälte) ebenso schädlich. Üblicherweise bleibt der Silo oder Haufen *ständig bedeckt*, schon um Vögeln oder Katzen ein Verwühlen zu verleiden. Es genügt dann, wenn pro m^2 Kompostfläche einmal wöchentlich 10 l Wasser übergebraust wird. *Diesem Gießwasser setzt man nun die später erwähnten Kompostverbesserer zu, also Kräuterpräparate oder Hefeprodukte, Zucker, Aminosäureprodukte, Blutmehl o. ä.*

Ist durch Sondermaterial, zum Beispiel viel Laub, Sägemehl, geschnipseltes Zeitungspapier oder ähnliches das sogenannte Kohlenstoff-Stickstoff-(C:N-)Verhältnis sehr weitstehend – näheres hierüber weiter unten –, so streut man auf dieses Material noch zusätzlich hoch stickstoffhaltige Kompostierungshilfsmittel und vermischt sie gut mit ihm. Diese können sein: Blutmehl, feinst vermahlenes Hornmehl, Guano oder Hühnerdünger, Rizinusschrot oder auch stickstoffhaltiger, organischer Volldünger.

Die Menge dieser Zugabemittel richtet sich nach der Menge dieses sehr kohlenstoffhaltigen Kompostmateriales: Bei einem ganzen Sack voll Sägemehl benötigt man schon 1 kg, bei weniger auch entsprechend geringere Mengen. Diese Kompostmaterialien benötigen auch eine extra hohe Wasserzugabe, sie wirken sonst austrocknend. Unterläßt man die besondere Behandlung solchen Materials, so kann es passieren, daß man später beim Öffnen des Silos einen ganzen Klumpen z. B. nicht verrottetes Sägemehl vorfindet!

Ist man jedoch in der Lage, den Kompostsilo oder eine ganze Miete *auf einmal* in einem Zuge mit Material *voll* zu befüllen, verwendet man die nachfolgend genannten Hilfsmittel. Dies wird aber voraussichtlich nur im Herbst, beim Abräumen der Beete oder bei der Herstellung von Sonderkomposten der Fall sein.

Kompostierungshilfsmittel Der Verfasser nennt hier nur solche Produkte, deren Verwendung er aus eigener Erfahrung als gut beurteilen kann. Das Angebot in weiteren Produkten ist groß; man scheue sich nicht, auch hier nicht genannte Erzeugnisse auszuprobieren.

Alle Mittel sollen dazu dienen, die Rotte zu beschleunigen, also für eine Verbesserung des bakteriellen und tierischen Lebens im Komposthaufen sorgen. Sie sollen ferner das Kompostmaterial selber mit Spurenelementen, Mineral- und Wirkstoffen noch aufwerten, die Düngewirkung des Kompostes also erhöhen.

Es hat sich hier eine regelrechte Wissenschaft herausgebildet, und es ist verständlich, daß viele Gärtner auf „ihr“ Mittel schwören, andere dasselbe Mittel aber verdammen. Andererseits sind in letzter Zeit Stimmen laut geworden, daß außer den bereits erwähnten Zugaben jede weitere Zuführung von Kompostierungshilfsmitteln völlig überflüssig sei. Der Verfasser kann dies nicht bestätigen. Er weiß,

daß gerade Sonderkomposte schneller zu günstigen Rottetemperaturen kommen, sich also das Bakterienleben wie auch das spätere Wurmleben in ihnen besser entwickelt, wenn man entsprechende Präparate zusetzt.
Natürlich ist es nicht notwendig, *alle* die hier genannten Stoffe anzuwenden, das wäre auch falsch. Eines oder zwei der aufgezählten Mittel jedoch sollte sich der Gartenbesitzer bedienen, besonders wenn es sich um Sondermaterial und Sonderkomposte handelt.

a) Mineralische Zuschlagstoffe
Genannt wurden bereits *Gesteinsmehle* und Kalk. Bei Gesteinsmehlen unterscheiden wir solche aus Granitgesteinen – oft auch Urgesteinsmehl genannt –, aus Basaltgesteinen sowie aus Lavamaterial. Die beiden letztgenannten Arten sind in ihrer Zusammensetzung ähnlich, denn Lava ist eine Art sehr jungen Basaltgesteines. Welches Gesteinsmehl man einsetzt, ist beim Kompostieren gleichgültig – ebenso ist hier die Art der Körnung nicht entscheidend. Es darf ruhig ein relativ billiges Material Verwendung finden; denn wahrscheinlich werden alle diese Gesteinspartikel einen Regenwurmdarm passieren und somit ohnehin durch die Säfte des Darmes aufgeschlossen.
Nicht empfehlen kann der Verfasser jedoch Gesteinsmehl „ab Halde", d. h. so grob, wie es mitunter in den Gesteinswerken kostenlos abgegeben wird. Hier sind zu viele grobe Partikel, bis hin zu kleinem Split, enthalten, die sich natürlich nicht zersetzen, sondern sich nachher auf unseren Beeten wiederfinden. Man verwende also daher ein Markenmaterial, das sich gleichermaßen auch zur Direktversorgung auf den Beeten eignet.
Tonmehle, bekannt u. a. unter dem Namen *Bentonit* bzw. dem Markennamen *Edasil* (siehe Lieferantenhinweise) bzw. *Montmorillonit*, einem wertgebenden Anteil der Tone. Tonmehle sind ebenfalls eine Art Gesteinsmehl, nur ist ihr Spurenelementanteil etwas geringer als derjenige der frisch vermahlenen Gesteinsprodukte. Dafür besitzen sie andere, sehr wertvolle Eigenschaften, beispielsweise hohes Wasserbindevermögen, Quellfähigkeit und große Ionenaustauschkapazität. Nähere Angaben hierüber sind in dem Buch von *Snoek/Wülfrath* „Das Buch vom Steinmehl" wiedergegeben (siehe Literaturhinweise). Tonmehle müssen sehr fein und gleichmäßig auf die Kompostfläche aufgepudert werden, damit sie nicht das Wurmleben stören. Bekommt ein Wurm einen zu großen „Happen" eines solchen Materials zu fressen, so kann er daran eingehen, weil seine Darmsäfte so stark gebunden werden, daß er nicht mehr verdaut.
Kalke Bevorzugt werden Kalke aus Korallen oder Algen verwendet, deren Spurenelementanteil höher ist als der der mineralischen Kalke, die aus Bergwerken stammen.
Die *Zugabemengen* der drei Produkte wurden bereits genannt: Steinmehl je nach Feinheit 200–500 g pro m^2 – je feiner das Mehl, um so geringer die Zugabemenge –, Tonmehle ca. 200 g je m^2, Kalke etwa 150 g je m^2, *alles je Schicht*.

b) Düngemittel
Rein organischer Dünger ist ein hervorragendes Kompostverbesserungsmittel. Es sollte ein Produkt mit möglichst *hohem Stickstoffgehalt* eingesetzt werden. Zugabemenge etwa 100 bis 200 g je m^2 Streuschicht. Der Dünger ist besonders dann zu empfehlen, wenn, wie bereits oben gesagt, viel holzhaltiges Material in die Kompostmiete gelangt. Diese gemischten Dünger sind zumeist auch reich an Humusstoffen und damit an Bakterien bzw. Bakterien-

Kamille (Matricaria chamomilla)

Löwenzahn (Taraxacum officinale)

Brennessel (Urtica dioica *und* Urtica urens)

Baldrian
(Valeriana officinale)

Schafgarbe (Achillea millefolium)

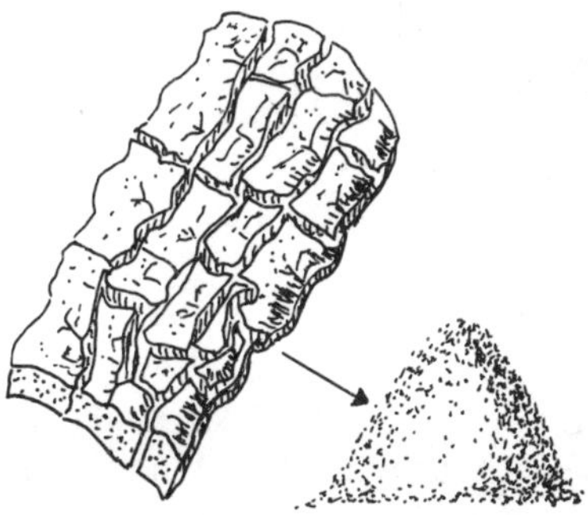

Eichenrinde, zu Pulver gemahlen
(Cortex quercus)

Die Kompostkräuter

sporen, die, kommen sie mit Feuchtigkeit in Berührung, schnell wieder zum Leben erwachen und sich rapide vermehren.

c) Pflanzliche Hilfsmittel

Bestimmte Pflanzen oder aus ihnen bereitete Präparate bewirken eine erstaunliche Verbesserung der Rotte und des Kompostes. Sie können selbst gesammelt, aber auch fertig bezogen werden. Nachstehend ein kurzer Überblick.

Ganze, nicht getrocknete Pflanzen Hier ist in erster Linie die Brennessel zu nennen. Es genügt, auf jede Schichtlage je m^2 vier bis sechs ganze, möglichst lange Brennesselstengel zu legen.

Dann seien Kamille, Löwenzahn und Schafgarbe genannt, jeweils das ganze Kraut, möglichst mit Wurzel. Diese wachsen im Garten, an Weg- und Waldrändern. Auch hier genügen zwei bis drei Kräuter je Schicht. Am wertvollsten sind diese Kräuter, wie auch die erwähnte Brennessel, wenn sie vor oder während der Blüte gepflückt werden.

Fast nicht zu ersetzen ist der Baldrian. Dieser wird jedoch jedes Jahr neu als Strauch im Garten angepflanzt werden müssen. Baldrian wirkt besonders stimulierend auf die Regenwürmer, lockt sie von weither an!

Neben diesen ausgesprochenen Kompostkräutern sind aber auch *alle Gewürz- wie auch Heilkräuter*, soweit sie *nicht scharf riechende, ätherische Öle enthalten*, immer wirksam. Negativ sind also z. B. Lavendel, Rosmarin, Thymian, Origanum, Minze u. a. zu beurteilen.

Getrocknete Kräuter Erfahrene Kompostbereiter trocknen sich die bereits erwähnten Kompost- bzw. Heilkräuter, damit sie auch in der Herbst-, Winters- und Frühjahrszeit diese Materialien auf ihre Kompostlagen ausstreuen können. Das Trocknen ist einfach. Die Pflanzen werden als ganzes Kraut, mit der Wurzel nach oben, mit einem Bindfaden zusammengebunden in der Gartenhütte oder auf dem Dachboden aufgehängt. Man verwendet gewichtsmäßig vom getrockneten Kraut nur ein Fünftel von dem, was bei frischen Kräutern üblich ist.

Pflanzenjauchen Man stellt aus den genannten Kräutern Pflanzenjauchen her. Nach *vollständiger* Verjauchung, das heißt also dann, wenn man keine Pflanzenteile mehr sieht, jedes Schäumen aufgehört hat, werden sie, 1 : 5 mit Wasser verdünnt, als Befeuchtungswasser für den Komposthaufen verwendet.

Kräuterpräparate Die genannten Kompostkräuter kann man auch als fertige Präparate beziehen. Genannt seien hier *Humofix*® der Abtei Fulda, der *Donatus-Kompostaktivator*® der Neuform-Reformhäuser (siehe Lieferantenhinweise Seite 132), wie auch die Präparate 502–507 der biologisch-dynamischen Wirtschaftsweise; sie werden von den Beratern abgegeben, deren Adressen man sich vom „Institut für biologisch-dynamische Forschung“, Brandschneise 5, D–6100 Darmstadt, einholen kann.

Allen Produkten liegt eine genaue Gebrauchsanweisung bei. Ihre Einsatzmenge ist erstaunlich gering, so z. B. bei *Humofix* nur 1,2 g pro m^3 Kompostmaterial. Hiervon lasse man sich jedoch nicht beirren, die mit diesen Präparaten erzielbaren Wirkungen sind erstaunlich, für neue Anwender zunächst verblüffend. Diese sind nicht im stofflichen Bereich zu suchen; sie wirken als Anregungsmittel für das gesamte bakterielle und tierische Leben des Kompostes. Sie werden daher auch als „Liebesmittel“ oder als „Animateur“ bezeichnet. Ihre Wirkung ist also stets eine indirekte, im Gegensatz zu anderen hier genannten Mitteln, die durch ihr Material selbst wirken.

d) Zucker, Melasse, zuckerenthaltende Kompostmaterialien

Zucker ist ein hoher Energieträger. Er ist wasserlöslich, seine Kohlenstoffanteile können also vom Bakterien- und Kleinsttierleben sofort aufgenommen werden. Genau wie für uns ist er auch für dieses eine Kraftnahrung und regt zu starker Vermehrung an. Der Verfasser hat es sich schon seit Jahren angewöhnt, dem Gießwasser 1 bis 2 Eßlöffel = 15 bis 30 g Zucker hinzuzufügen. Lediglich im Winter bleibt die Zugabe weg.

Gleich gute Wirkungen entfalten Melasseprodukte, die man von Zuckerfabriken, Destillationen usw. bekommen kann.

Natürlich haben auch Preßrückstände von Gartenfrüchten, Rückstände von Brombeeren und Himbeeren bei der Saftbereitung, Apfel- oder Weintrester bei der Mostbereitung eine ähnlich gute Wirkung. Diese Materialien kommen möglichst frisch auf den Komposthaufen, gären dann stets noch etwas nach, und es scheint so, als ob die ganz schwache Alkoholmenge, die entsteht, besonders die Regenwürmer direkt „happy" macht. In diesen Fruchtanteilen findet sich eine Ansammlung von Würmern, die mitunter so dicht ist, daß man schieres Fleisch vermuten könnte! Der Anblick dieser Regenwurmmasse ist fast unheimlich. Nach wenigen Tagen jedoch verschwinden die Tiere wieder und wenden sich nach dieser „Schlemmerei" den anderen Kompostmaterialien zu.

e) Hefen

Bei jeder Herstellung von Obst- oder Beerenweinen fallen Heferückstände an. In Schnapsbrennereien, in Küfereien usw. kann man sie als Abfall meist kostenlos erhalten. Es sind wertvolle Kompostmaterialien! Die benötigten Mengen sind gering. Es genügt, wenn man etwa 5 Eßlöffel eines Hefesatzes einer 10-l-Kanne voll Gießwasser beifügt, um eine hervorragende Wirkung zu erzielen. Ein fertiges Hefepräparat, hergestellt aus Wildhefen, gibt es unter dem Namen *PK* im *Donatus*®-Pflanzenpflegeprogramm zu kaufen (siehe Lieferantenhinweise). 1 g auf 10 l Gießwasser sind bei diesem Produkt schon für eine Kompostverbesserung ausreichend.

f) Aminosäuren

Aminosäuren sind „Bausteine des Lebens". Verständlich, daß sie, in hoher Verdünnung dem Kompostmaterial zugegeben, ebenfalls eine stark stimulierende Wirkung auf das bakterielle und tierische Kompostleben entfalten. Hergestellt werden sie aus Tier- oder Fischmaterial im sogenannten Hydrolyseverfahren, so daß die wertvollen Aminosäuren unzerstört erhalten bleiben. Ein bewährtes Produkt ist unter dem Namen *Siapton*® (siehe Lieferantenhinweise) erhältlich, man gibt es in einer Verdünnung von 20 g pro 10 l dem Gießwasser bei, um eine enorme Vermehrung der Bakterien und Kleinstlebewesen zu erreichen.

g) Algen

Flüssige Algenextrakte aus Meeresalgen bewirken in einer Verdünnung von 1:10 000 bis 1:1 000 000 ähnliche Effekte wie die vorhin genannten Produkte. Ihre Wirkung beruht wohl hauptsächlich auf ihrem Reichtum an Spurenelementen. Diese Produkte werden über das Gießwasser dem Kompostmaterial zugefügt.

h) Gemischte, industriell hergestellte Kompostierungshilfsmittel

Nachfolgend eine Übersicht einiger gängiger Produkte, entnommen aus „Neues großes Gartenlexikon", Südwest Verlag (siehe Literaturhinweise). Unter den in der ersten Position genannten „Kompoststartern" ist eine Reihe von Produkten

1. Name	„Kompoststarter“	Edafil	Eco-Komposter
2. Wirkungsweise	Schnellkompostierungsmittel, Kompoststarter und -aktivator	Kompostierung von Abfällen jeder Art und Stallmist	Kompoststarter und -aktivator
3. Wirksame Inhaltsstoffe	Stickstoff, Mineralien, Spurenelemente, Auxine, Biotine, Aminosäuren, Azotobakter, Aspergillus, thermophile Bakterien	Konzentrat wirksamer Bodenorganismen (Edaphon)	Gärfermente, Spurenmente, Auxine, orgasche Substanzen
4. Anwendungsform	Streumittel	Impfziegel zum Ansetzen einer Aufschwemmung	Streupulver
5. Art der Abfälle a) allgemeine aus Haus, Hof, Garten, Feld b) Stroh, Laub u. ä. c) Holzabfälle, Rinde d) Industrie- und Textilabfälle	Abfälle a) alle b) Stroh, Laub, Stengel, Fasern c) Sägemehl und -späne, Rinden, Zweige d) Textilabfälle, Obsttrester	Komposte jeder Art und Stallmist	Abfälle aus Küche u Garten, Stallmist
6. Anwendungsweise und Menge	3 kg/cbm zu a), bis 5 kg/cbm zu b) + c). Erhöhte Gaben nach Bedarf (Merkblatt vom Hersteller)	Impfung des vorgerotteten Materials beim Umsetzen zur Einleitung der Aufbauphase lt. Gebrauchsanweisung	Beim Aufsetzen und setzen 1 Originaldos 2 cbm, 2,5 kg für 20 c
7. Zusätze	Für c) 2–3 kg/cbm Kalk. Bei Trestern und Rinden Erdzuschlag	Erde (bis zu 20%) erdige Stoffe, Torf, etwas Kalk	Gesteinsmehl, Düngtel, trockene Erden, Algen, Torfmull
8. Kompostierungsdauer	Bei a) 3–6 Monate bei b)–d) 4–9 Monate	4–6 Monate	3–6 Monate

recht ähnlicher Zusammensetzung zu verstehen, wie sie besonders von Herstellern organischer Düngemittel unter jeweils verschiedenen Namen in den Verkehr gebracht werden.

Die Hersteller aller aufgeführten Kompostierungshilfsmittel sind bei den Lieferantenhinweisen genannt.

i) Kompostwurm

Seit vielen Jahren schon kann man sogenannte Kompostwürmer (*Eisenia foetida*), auch in der Rasse „Tennessee Wiggler“, von entsprechenden Versendern kaufen (siehe Lieferantenhinweise). Der Kompost- oder Mistwurm ist deutlich kleiner und auch intensiver rot gefärbt als der große Regenwurm (*Lumbricus terrestris*) der Äcker; er ist aktiv, „freßsüchtig“ und sehr vermehrungsfreudig.

Ist der Kauf solcher Kompostwürmer bei nach und nach aufgesetzter Kompostmiete oder bzw. nach und nach befülltem Silo auch nicht notwendig – denn die üblichen Regenwürmer kommen schon vom Boden aus herein –, so ist er bei Sonderkompo-

mit	Übermangansaures Kalium	KP-Trocken	Nitralit
ostierungsmittel für n- und Flächen- ostierung	Sauerstoffaktivator, Entsäuerungsmittel	Desinfektion, Entsäuerung durch Sauerstoffanreicherung	Kompostierungsmittel
norganismen; mit „A“: stoff-Binder	Sauerstoff, Mangan ($KMnO_4$)	Sauerstoff, Silizium- und Kalziumverbindungen, Mangan u. a. Spurenelemente	Humusbildende Bodenorganismen, speziell Stickstoffbinder
r zum Ansetzen Aufschwemmung	Kristalle, in Lösung (s. Ziff. 6)	Streumittel	Streumittel
le zu a), zu b) + c) usatz von Harnstoff Gebrauchsanwei-	Für alle Stoffe a)–d) mit Wasser oder Jauche, Braun- und Steinkohlenaschen	Zu allen Komposten a)–d) zur Intensivierung der Umsetzung und gegen pathogene Keime	Für Komposte zu a), b) und d)
ostmiete in 50 cm- nden 0,5 Ltr. Auf- mmung einbringen	Zur Unterstützung der Gärung und Rotte in rosa bis dunkelroter Lösung gießen (1–3 g/10 l Wasser)	Zu Kompost, Pflanzerden und Torfmull, auch in Versitzgruben und Düngerstätten, Einstreu bis 500 g/cbm	Nach Gebrauchsanweisung im Verlauf der Kompostierung oder beim Umsetzen zugeben
bfällen b) + c) je ,5 kg Harnstoff, zu rn je cbm 2 kg Kalk			AZ-Kulturen (Azotobakter)
nate und länger	Beschleunigt Kompostierungsvorgang	Beschleunigt Kompostierungsvorgang	6–9 Monate

sten, z. B. solchen aus Zeitungspapier, Sägemehl, Stroh, mit denen auf einmal ein ganzer Silo befüllt werden kann, zu empfehlen. Mit dem fertigen Kompost kommen ja zugleich Tiere und ihre Eier in die Gartenerde, so daß diese aktiven Würmer ihre Tätigkeit dort fortsetzen. Ein einmaliger Kauf von etwa 100 Würmern ist völlig ausreichend; mit ihrem Nachwuchs kann man alle anderen Kompostmieten versorgen.

Wie mehrfach betont: Bei langsamer, d. h. allmählicher Füllung eines Silos im Laufe von Wochen oder Monaten sind alle diese Hilfsmittel nicht notwendig, bei Füllung in einem Zuge ist jedoch das eine oder andere zu empfehlen.

Der Verfasser rät folgendes: Die auf Seite 62 genannten mineralischen Zuschlagstoffe wie Gesteinsmehl oder Ton, Kalk und Erde, kommen grundsätzlich immer dazu. Dann bediene man sich nach Möglichkeit der pflanzlichen Produkte und füge dem Gießwasser eines der unter d–f genannten Produkte bei. Ist jedoch ein Silo voll gefüllt, eine Miete fertig aufgesetzt, mit Erde oder Gras abgedeckt, so ist der Einsatz eines fertigen Kräuterpräparates, beispielsweise *Humofix®*, als krönender Abschluß der Arbeiten zu empfehlen. Dies besonders dann, wenn frische oder getrocknete Kompostkräuter, wie unter c genannt, nicht verwendet wurden.

Sonderkomposte

Alles gleichartige (homogene) Material, das uns reichlich zur Verfügung steht, so daß es sich lohnt, daraus Kompost zu machen, fassen wir unter dem Begriff der „Sonderkomposte" zusammen. Im Haushalts- und Kleingartenbereich dürften dies sein: Papier und Pappe, Hecken- und Laubschnitt, Heckenschnitt von Koniferen, Herbstabraum des Gemüsebeetes, Stroh in Ballen gekauft, Fruchttrester aus Obstpressereien, Rindenabfälle aus Holzbetrieben, Sägemehl und -späne u. ä.

Papierkompost aus Zeitungen Wegen der Buntfarben verwendet man keine illustrierten Zeitschriften, Prospekte usw. Der Papierkompost läßt sich sinnvoll nur herstellen, wenn man eine geeignete Häckselmaschine besitzt. Das Papier wird in einer Plastiktonne kurzzeitig, ca. 10 bis 15 Minuten, eingeweicht und dann klein gehäckselt. Die Schnipselgröße sollte nicht zu klein sein, die etwa eines 1-Mark-Stückes ist richtig. Feinere Teilchen verklumpen zu rasch zu einem Papierbrei, der sich nur schwer verkompostieren läßt. Diese Schnipsel werden wie die normalen Komposte in ca. 20 cm hohe Lagen im Silo eingefüllt, dann jedoch kommt eine Lage Heckenschnitt oder Grasschnitt, Laub- oder Beetabfälle, um sowohl ein anderes Material einzubringen, als auch um die Belüftung zu sichern. Nach der Lage *beider* Materialschichten kommen die entsprechenden Zuschlagstoffe hinzu: Gesteinsmehl, etwas Erde und Kalk. *Zusätzlich* fügen wir *in jedem Fall* pro m^2 Kompostfläche etwa 500 g Blutmehl oder feinst vermahlenes Hornmehl als Stickstoffmaterial hinzu, um das Kohlenstoff-Stickstoffverhältnis von vorneherein zu beeinflussen und damit die Bakterien, die zu ihrer Vermehrung natürlich Stickstoff benötigen, sofort eine genügend große Startnahrung bekommen. Statt dieser Materialien kann man ebensogut die fertigen Kompoststarter der Tabelle Seite 66/67 verwenden, soweit ihre Wirkung auf ihrem Stickstoffgehalt beruht.

Für die Bereitung solcher Papierkomposte sammelt man mehrere Monate lang die Tageszeitungen, damit ein Silo auf einmal gefüllt werden kann. Ein im Sommer eines Jahres nach diesen Vorschlägen aufgesetzter Kompost ist im Mai des nächsten Jahres verwendbar! Er wird voll vererdet sein, er ist weich und mulmig, seine Wasserhaltefähigkeit hoch, der Regenwurmbesatz reichlich. *Der Nährwert dieses Kompostes ist jedoch gering*. Wird er auf Beete gegeben, auf denen mittel- oder starkzehrende Pflanzen wachsen sollen, so muß organischer Volldünger zusätzlich gestreut werden, sonst bleiben die Pflanzen klein, und der Ertrag ist niedrig.

Strohkomposte Wer keine Häckselmaschine besitzt, kann auch aus Stroh einen ähnlichen Kompost wie aus Papier herstellen, also ein Material gewinnen, das weniger der Pflanzenernährung als der Bodenverbesserung dient. Das Verfahren ist einfach: Man kauft sich beim Landhandel oder dem nächstgelegenen Landwirt 6 Strohpreßballen. Auf dem Kompostplatz legt man zunächst 3 nebeneinander und sticht von oben mit einem Spazierstock je etwa 9 Löcher halbtief hinein.

Einige Tage zuvor hat man sich bereits eine Jauche hergestellt aus – berechnet für alle 6 Ballen – 10 kg Hühnerkot bzw. Guano, 20 kg Gesteinsmehl, eingetragen in etwa 50 l Wasser. Diese Jauche wird wie üblich täglich kräftig umgerührt, sie kann nach etwa 5 Tagen verwendet werden. Von dieser Jauche nun gießt man pro Ballen etwa 8 l in die hineingestoßenen Löcher. Wird die Menge nicht ganz aufgenommen, so übergießt man die Ballenoberflächen noch mit der Flüssigkeit.

So geht man mit allen 3 Ballen vor, schichtet nun die 3 weiteren Ballen auf diese und bearbeitet sie gleichermaßen. Jetzt bespritzt oder begießt man den großen Strohwürfel von allen Seiten kräftig mit Wasser und deckt ihn mit einer Plane, Plastik oder ähnlichem zu. Die Abdeckung soll nicht ganz bis auf den Boden reichen, so daß von unten her Luft einströmt; ebenfalls sorgt man dafür, daß oben, durch einige Löcher, Luft entweichen kann.

Alle Woche befeuchtet man den Haufen erneut, hält ihn aber sonst stets gut bedeckt.

Schon in wenigen Tagen beginnt unter starker Hitzeentwicklung die Rotte. Dabei wird der Haufen kleiner und kleiner; zum Schluß umfaßt er höchstens noch ein Fünftel des ursprünglichen Volumens. Nach ca. 1 Jahr wird man etwa 0,5 m^3 guten Strohkompost erhalten, weitgehend vererdet, der nun auf die Beete aufgetragen werden kann.

Das ist eine billige, wenig arbeitsaufwendige und platzsparende Methode. Würde man die gleiche Menge eines guten Rinden- oder Torfkompostes kaufen, so wäre die Geldausgabe hierfür vielmal so hoch.

Komposte aus Heckenschnitt Der Schnitt der Hainbuchenhecke – vorzugsweise nur einmal im Jahr und zwar ab Ende September vorgenommen – bringt meist sehr viel Material. Dieses wird maschinell gehäckselt. Hieraus bereitet man einen Sonderkompost. Vorbereitung, Aufsetzen bzw. Befüllung und Komposthilfsmittel sind ebenso wie beim Papierkompost empfohlen. Fertige Komposte aus Heckenschnitt eignen sich besonders als Bodenbedekkungsmittel unter Sträuchern, Hecken, Koniferen usw. Im Gemüsegarten dürfte dieses Material in der Regel zu nährstoffarm sein.

Gras- und Laubkomposte Beide Materialien lassen sich schwer verkompostieren. Gras infolge seiner hohen Dichte und damit eines schlechten Luftzutrittes, Laub infolge seiner hohen Gerbstoffanteile. Man verwende daher diese beiden Stoffe sinnvoller für die Zwischenlagen von Papierkomposten oder Heckenschnittkomposten oder gebe jeweils nur *kleine Mengen* dem üblichen Kompost zu. Ist der An-

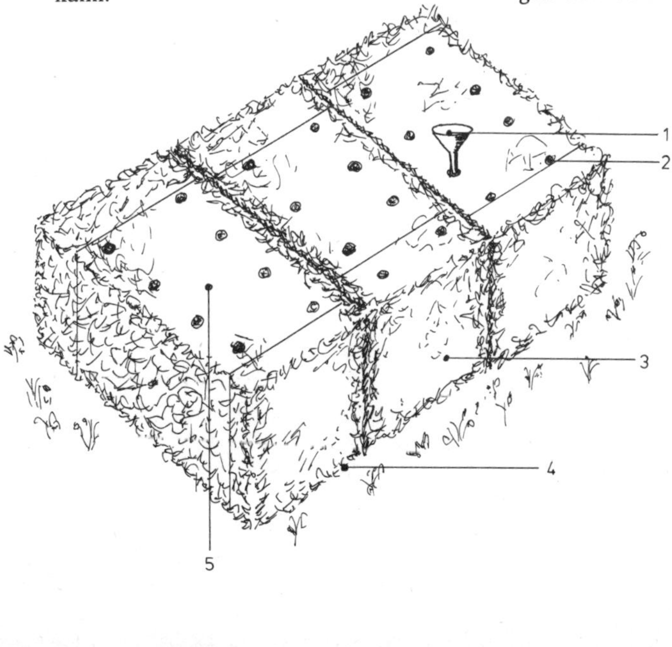

Miete für Strohkompost. *Sie wird noch mit drei weiteren Strohballen erhöht.*

1 = Einfülltrichter für Guano-Jauche.

2 = Mit angespitztem Holzstab ca. 2/3 tief eingestoßene Löcher, Ø ca. 4 cm.

3 = Gepreßte Strohballen, sie werden nicht geöffnet.

4 = Die Miete hat Erdkontakt.

5 = Strohballen kräftig wässern, bevor Jauche eingefüllt wird. Auch später stets feuchthalten.

fall jedoch sehr groß, so legt man Mieten an, die dann allerdings mehrere Jahre hindurch rotten müssen und die dabei stark zusammenfallen werden.

Sonderkomposte aus dem Abraum der Gemüsebeete Im Oktober, wenn die Beete restlos geräumt werden, fällt meist viel pflanzliches Material an. Hieraus lassen sich gut Sonderkomposte anfertigen. Das Aufsetzen und die Verwendung von Hilfsmitteln geschieht so wie bei normalem Kompostmaterial. Die Mieten kann man doppelt so hoch – bis 1,50 m – als normal aufsetzen, denn sie werden stark zusammenfallen. Erst nach dem Zusammenfallen, also nach etwa 6 bis 8 Wochen, bedeckt man sie mit Erde oder einem Grasmantel, behandelt sie eventuell mit Kompostierungshilfsmitteln und läßt sie dann ausreichend ruhen. Ihre Rottezeit beträgt meist ein bis anderthalb Jahre, es sei denn, man hat das Material vorher kleingehäckselt; dann aber könnte dieser Abraum genausogut in einen normalen Kompostsilo bzw. in eine normale Miete gegeben werden und braucht keine gesonderte Lagerung.

Das Kohlenstoff-Stickstoffverhältnis in Komposten Gute Komposte sollen ein Verhältnis von Kohlenstoff zu Stickstoff wie 10 : 1 bis 20 : 1 haben. Auch Verhältnisse von 20 bis 30 : 1 können noch toleriert werden, dann aber wird der Kompost eher mager. Was bedeutet das, was heißt das? Alle Lebewesen, ob Pflanze oder Tier, benötigen Stickstoff zum Aufbau ihres Eiweißes, also auch die Milliarden Bakterien des Bodenlebens. Wird nun ein Material angeboten, das relativ wenig Stickstoff enthält, so werden die geringen Stickstoffanteile zunächst vollständig vom tierischen Bodenleben „vereinnahmt", und sie stehen den Pflanzen als Nährstoff nicht mehr zur Verfügung; sie werden hungern, nur wenig wachsen und kleine Frucht bringen.

Der Laie, und das sind viele Gartenbesitzer, kann mit diesen Zahlen wenig anfangen, denn er ist nicht in der Lage, das C:N-Verhältnis in seinem Kompostmaterial zu überprüfen. Er muß daher folgendes wissen: Ein normal gemischter Haushaltskompost hat üblicherweise ein richtiges C:N-Verhältnis. Je mehr Laub, Gras, Holzmaterial oder aus Holz hergestelltes Material, z. B. Zeitungen, jedoch beigefügt werden, um so „weiter" wird das C:N-Verhältnis werden. Bei Sägemehl beträgt es beispielsweise 400 : 1. Folgende Tabelle gibt über die Kohlenstoff-Stickstoff-Verhältnisse Auskunft.

C : N-Verhältnisse einiger Kompostmaterialien (Durchschnittswerte)

Jauche, Gülle	1 : 1
Küchenabfälle	10–15 : 1
Rindermist mit Stroh	15 : 1
Grasschnitt	15 : 1
Laub	50 : 1
Weizenstroh	150 : 1
Laubheckenschnitt	200 : 1
Sägemehl (Nadelholz)	400 : 1

Das ist der Grund, weshalb bei hoch kohlenstoffhaltigem Material stickstoffreiche Kompostierungshilfsmittel zugegeben werden müssen, soll der spätere Kompost

Oben links: *Ein „Muser", ideal zum Zerkleinern von weichem Material und Zeitungspapier.*
Oben rechts: *Kompostpraktiker beim Häckseln von Spargelkraut und Gehölzschnitt. Vorn fertiges Häckselgut, davor ein Sack mit Zuschlagstoffen, hier einem organischen Dünger. Der Kompostplatz liegt im Schutz von Gehölzen, rechts Haselsträucher.*
Unten links: *Moderne Abfüllanlage für Steinmehl.*
Unten rechts: *Blattdüngung und Pflanzenschutz mit feinstgemahlenem Gesteinsmehl.*

nicht nährstoffarm, ja, einem guten Wachstum sogar hinderlich sein.
Komposte aus Zeitungspapier, das, je nach Qualität des Papieres, ein C : N-Verhältnis von 180 bis 250 : 1 hat, sind wachstumshemmend, fügt man ihnen nicht Stickstoff hinzu. Die genauen Zuschlagsmengen lassen sich schwer sagen, weil sie auch von der Art des verwendeten Stickstoffmaterials abhängen. Ein Zuviel schadet jedoch kaum, im Gegenteil, es regt das Kompostleben eher an.
Ein ganzer Sack voll Laub braucht mindestens 500 g z. B. feinstes Hornmehl, ein Sack voll Sägespäne aber mindestens 1 kg hiervon, damit es ein ausgeglichenes Verhältnis gibt. Man wird im Lauf der Zeit durch Erfahrung lernen. Gibt man nämlich zuwenig dieser stickstoffhaltigen Stoffe hinzu, so stockt bei den betreffenden Kompostmaterialien die Humifizierung; man holt sie, nicht kompostiert, beim Öffnen des Haufens fast im ursprünglichen Zustand wieder heraus und weiß dann: Aha, ich habe zuwenig beigegeben, das nächste Mal muß es mehr sein.
Auch die Beete, die mit einem solchen Kompostmaterial eines zu weiten C:N-Verhältnisses versorgt wurden, zeigen es durch die hierauf wachsenden Pflanzen. Ein Blumenkohl wird nur eine faustgroße Rose bringen; die Kohle bleiben klein, die Pflanzen sehen etwas mickrig aus, sie zeigen förmlich, daß ihnen etwas fehlt. Man behilft sich in der laufenden Saison dann durch kräftige Zudüngung von stickstoffreichen organischen Handelsdüngern, weiß aber, daß man dieser Frage beim Kompostieren künftig mehr Beachtung schenken muß. Es ist, wie alles im organischen Landbau, ein Erfahrungswissen, das man aber schnell erwerben wird.
Schon richtig fachmännisch kann man sich über einen sogenannten *Kressetest* orientieren. Man nimmt zwei Saatschalen und füllt eine halbvoll mit dem zu prüfenden Kompostmaterial, die zweite mit sogenannter Anzuchterde, die man in jeder Gärtnerei sicher kostenlos erhalten kann; man braucht also keineswegs einen ganzen Sack hiervon zu kaufen. Beide Materialien werden leicht angefeuchtet und etwas Kressesamen daraufgestreut. Dieser fängt in wenigen Tagen an zu keimen, und man kann nunmehr Vergleiche ziehen. Der Samen auf dem eigenen Kompost sollte mindestens so froh und so hoch wachsen wie der auf der Anzuchterde. Bleibt er kleiner, so ist dies ein Zeichen dafür, daß im eigenen Kompost der nötige Stickstoffanteil fehlt, d. h. also auch das C:N-Verhältnis zu weit ist. Man kann jetzt durch Zudüngung für Abhilfe sorgen.

Unterschiede sind noch zu treffen zwischen sogenanntem *Frischkompost* und *Reifkompost*. Unter dem erstgenannten versteht man ein Material, das schon auf die Beete gebracht wird, wenn es noch erkennbare Pflanzenteile und dementsprechend noch viel bakterielles und tierisches Leben enthält. Jeder Fäulnisgeruch ist schon verschwunden, das Material ist bereits dunkelbraun gefärbt, aber man spürt förmlich, daß die Rottevorgänge noch nicht beendet sind. Dieses Material muß bis zur völligen Verrottung noch manche Umsetzungsphase durchlaufen. Ein solcher Kompost gehört daher stets nur *auf das Beet obenauf*, er wird niemals eingearbeitet. Er ist Futter für das Bodenleben der Beete.

Oben: *Strohkompostherstellung in einer französischen Gärtnerei im Loiretal.*
Unten: *Strohkompostherstellung in einem Champignon-Großbetrieb an der Loire. Die Strohberge werden mit frischem Müllkompost und Pferdeharn kompostiert (links im Bild), als Substrat für die Champignonkulturen unter der Erde.*

Reifkompost heißt das Material, bei dem keine Pflanzenrückstände mehr erkennbar sind. Er riecht nach Walderde, ist weich und locker, Würmer oder Kleintiere findet man kaum noch darin. Alle Umsetzungsvorgänge sind abgeschlossen, aggressive Stoffe finden sich hier nicht mehr. Das ist das Material für Anpflanzungen und Saatrillen. Es wird bei armen oder sehr schweren Böden (Sand, lehmiger Sand oder heller Lehm) *eingearbeitet*, damit sich möglichst bald eine Humusschicht bildet.

Machen wir es doch so: Einen Kompostsilo oder eine Miete mit Frischkompost, wobei das Material schon im nächsten Jahr Verwendung findet, und einen Silo oder eine Miete mit Reifkompost – so hat man ein richtiges Verhältnis. Verfügt man zusätzlich noch über Zeitungs- oder Heckenschnittkomposte, so kann man alle Bedürfnisse des Gartens erfüllen.

5.3 Pflanzenjauchen

Im letzten Jahrzehnt haben sich die Pflanzenjauchen bei den biologischen Gärtnern immer mehr durchgesetzt. Waren sie früher fast eine Geheimwissenschaft einiger weniger, so werden sie heute Allgemeingut – und das zu Recht. Wer einmal die Wirkung einer Brennessel-Ackerschachtelhalm-Jauche erlebt hat, sei es auf dem Boden, sei es an der Pflanze, wird beeindruckt sein, genauso wie von den Spezialjauchen für bestimmte Anwendungszwecke.

Pflanzenjauche ist ein Allgemeinbegriff, wir sollten jedoch unterscheiden:

Pflanzen-Kaltwasserauszug Hierunter versteht man den Auszug von bestimmtem Pflanzenmaterial mit kaltem Wasser, wobei nur 12 bis längstens 24 Stunden ausgezogen wird – vorwiegend von Pflanzen, die zum Pflanzenschutz und zur Insektenvertreibung benutzt werden, da nur relativ wenige ihrer aktiven Stoffe zur Wirkung kommen sollen. Bekannt ist z. B. der Brennesselauszug zur Bekämpfung von Läusen.

Pflanzentee Dazu überbrüht man zerkleinerte Pflanzenteile mit kochendem Wasser und läßt sie für einige Stunden darin ziehen. Solcher Tee wird innerhalb eines Tages verwendet.

Pflanzenbrühe Hierfür werden frische oder auch getrocknete Pflanzen einen Tag lang in Regenwasser eingeweicht, anschließend in diesem Wasser etwa eine halbe Stunde lang gekocht. Nach Abkühlung und Siebung ist die Brühe verwendbar.

Pflanzentees und Pflanzenbrühen werden vorzugsweise verwendet, um den Pflanzengehalt an ätherischen Ölen für die Schädlingsbekämpfung auszunutzen. Man nimmt hierzu Lavendel, Thymian, Rosmarin, Pfefferminze. Die Pflanzenbrühen enthalten dabei noch etwas mehr der übrigen Pflanzenbestandteile, insbesondere Gerbstoffe.

Da die Herstellung aufwendig ist und auch nur in kleinen Partien erfolgen kann, werden beide Methoden nur noch selten angewendet, zumal viele wertvolle Stoffe bei den Brüh- oder Kochvorgängen verloren gehen.

Pflanzenjauche Sie werden auch als „Pflanzenmist“ bezeichnet und sind um so beliebter geworden, je weniger echte, also tierische Jauche noch zu erhalten ist. Hier werden Pflanzen nur mit kaltem Wasser übergossen. Die Mischung kann zwecks schnelleren Gäreintritts und zur Verbesserung der Jauche noch mit einigen Hilfsmitteln versetzt werden, wird dann aber stehengelassen, bis nach etwa 2 bis 3 Tagen der Gär- und Fäulnisprozeß einsetzt. Es steigen Blasen auf, die Flüssigkeit beginnt zu schäumen und auch kräftig zu riechen. 8 bis 14 Tage dauert dieser Gärprozeß bis zu seinem Abschluß.

Da die zuerst genannten Methoden mehr der Schädlingsbekämpfung dienen, die Abkochungen auch aufwendig sind, wird hier ausführlich nur auf die Pflanzenjauche eingegangen. An Hand der wichtigsten, der Brennesseljauche, sei ihre Herstellung erläutert: Die Aufstellung eines Fasses mit ca. 30 bis 50 l Inhalt erfolgt an einem schattigen Ort, wobei das Faß gerne sogar noch zur Hälfte im Boden eingegraben wird. Die Verjauchung soll also nicht infolge hoher Lufttemperaturen zu schnell, zu stürmisch erfolgen, sie muß langsam vor sich gehen. Als Faß verwendet man am besten ein altes gebrauchtes Holzfaß, ein Tongefäß oder auch ein Plastikfaß aus Polyäthylen. Man vergewissere sich, daß man kein Faß aus Polyvinylchlorid bzw. einem anderen *chlorhaltigen* Plastikmaterial verwendet. Die sich ständig abspaltenden Chlor-Ionen sind schädlich für die Verjauchung. Ebenso sind Eisenfässer ungeeignet, auch wenn sie mit Farbe ausgestrichen werden.

Man füllt das Faß mit frisch gepflückten Brennesseln, die noch nicht zur Blüte gekommen sind. Während oder nach der Blüte gepflückte Brennesseln können natürlich auch verwendet werden, sie sind aber nicht mehr so wirksam. Es wird die ganze Pflanze verwendet. Das Faß wird hiermit locker gefüllt, keinesfalls preßt man die Pflanzen hinein. Nun wird Wasser bis zum Rand aufgegossen *und ein Deckel aufgelegt.*

Täglich wird ein- bis zweimal kräftig umgerührt, wobei viel Luft in die Brühe hineingelangen soll. Ideal ist die Verwendung eines altmodischen Wäschestampfers, mit dem man Luft in das Wasser hineinstoßen kann. Nach 2 bis 3 Tagen beginnen sich Bläschen zu bilden – der Fäulnisprozeß hat eingesetzt. Gleichzeitig tritt allmählich auch ein unangenehmer Geruch, wie eben nach Jauche, auf. Der Inhalt wird zudem zu schäumen anfangen. Nach 10 bis 14 Tagen ist das Präparat fertig, die Blätter sind nicht mehr zu sehen, sie haben sich aufgelöst. Nur die Stiele der Brennesseln sind noch vorhanden. Diese nimmt man mit einer Gartengabel heraus und bringt sie auf den Komposthaufen.

Zur Verwendung gießt man jeweils 2 l durch ein einfaches Küchensieb in die Gießkanne und füllt mit 8 l Wasser die Kanne voll. Das Verhältnis ist 1 : 4, gerade richtig für die Bodenversorgung. Die 10 l langen zur ausreichenden Versorgung von 2 bis 3 m^2 Beetfläche, je nachdem wie lokker oder krümelig die Struktur ist. Man gießt also genauso, als wenn man sonst den Boden befeuchten würde.

Begossen werden nur die Beete und die Baumscheiben, die Brühe kommt jedoch *nicht über die Pflanzen. Sie kommt nicht auf Saatrillen und nicht auf den Komposthaufen.* Begießt man die Pflanzen selber oder die Saatrillen, oder verwendet man die Jauche als Befeuchtungswasser für den Kompost, so nur in einer Verdünnung von 1 : 9, das heißt 1 l Pflanzenjauche plus 9 l Wasser.

Gegossen wird nur in frühen Morgen- oder Abendstunden, nicht bei praller Sonne. Ist die Erde zu trocken, so wird sie vorher mit normalem Wasser benetzt. Das Ergebnis: organische, milde, schwache Stickstoffdüngung, dabei gleichzeitig Versorgung mit vielen anderen organischen Stoffen und insbesondere reiche Bakterien- und Algenzufuhr. Schon nach 2 bis 3 solchen Güssen, im Abstand von etwa 14 Tagen, bemerkt man, wie die Bodenstruktur lockerer, krümeliger wird, der Regenwurmbesatz sich verstärkt und der Pflanzenwuchs freudiger wird gegenüber unbehandelten Beeten.

Soweit zur Standardjauche. Dieses einfache Rezept kann man durch einige Kunstgriffe verbessern, die Herstellung der Jauche beschleunigen und sie noch inhaltsreicher machen.

a) Man gibt schon beim Wassereinfüllen eine Handvoll Gartenerde mit ins Faß. Grund: Die Jauche wird mit garteneigenen Bakterien geimpft.

b) Man fügt von Anfang an der Jauche eine Handvoll Guano oder Hühnerdung oder Blutmehl oder feinst vermahlenes Hornmehl oder, wenn alles dies nicht zur Hand ist, organischen Gartendünger hinzu. Grund: Wir geben Startfutter für eine schnelle Bakterienentwicklung in die Pflanzenjauche und beschleunigen somit den Fäulnisprozeß ganz erheblich, reichern gleichzeitig die Jauche ein wenig mit Stickstoff an.

c) Wenn die Jauche zu riechen beginnt, fügen wir täglich 1 bis 2 Hände voll *möglichst feines Gesteinsmehl* zu und verrühren dieses kräftig. Grund: Sofortige Geruchsbindung und Zufuhr von wichtigen Mineralstoffen und Spurenelementen.

d) Wir verbessern die Jauche in ihrer Wirksamkeit, indem wir einem 50-l-Faß 2 Zwiebel- oder Knoblauchpflanzen, ganzes Kraut, etwas zerhackt, hinzufügen und noch eine Handvoll vom Lavendel-, Thymian- oder Rosmarinstrauch dazutun. Grund: Die ätherischen Öle und schwefelhaltigen Inhaltsstoffe dieser Pflanzen verbessern die Jauchewirkung und verleihen ihr gleichzeitig eine schwache „Antipilz-Wirkung".

Eine so bereitete Jauche wird weit weniger unangenehm riechen, schneller fertig sein und zugleich in der Düngewirkung mehr Kraft aufweisen.

Eine Brennesseljauche sollte im allgemeinen nicht *über* die Pflanzen gegossen werden. Hier nimmt man eine gemischte *Brennessel-Ackerschachtelhalm-Jauche,* Mengenverhältnis 2:1 oder sogar reine Ackerschachtelhalmjauche. Der Ackerschachtelhalm stärkt durch seinen hohen Kieselanteil die grünen Pflanzenteile, schützt zugleich vor Pilzerkrankungen und, in gewissem Maße, auch vor Insektenzuzug. Auch diese Wirkung kann verbessert werden durch die erwähnten Gewürz- und Heilpflanzen.

Verjauchen läßt sich praktisch jedes Pflanzenmaterial, wobei man dieses nach seiner späteren Verwendung hin aussuchen sollte. Will man also eine Kompostmiete verbessern, so wird man eine Jauche aus den auf Seite 63/64 erwähnten speziellen Kompostpflanzen bereiten. Sind viel Pilzkrankheiten, Fäulniserscheinungen usw. aufgetreten, so wird man eine Heilkräuterjauche bereiten, beispielsweise aus Pflanzen wie Kamille, Pfefferminze, Weißdorn zusammen mit Ackerschachtelhalm. Ist der Regenwurmbesatz eines Gartens gering, wird man eine Baldrianjauche verwenden.

Leiden die Pflanzen unter Läusen, so wird man neben dem bereits erwähnten Brennnessel-Kaltwasserauszug Jauchen aus Farnen – z. B. Adlerfarn, Rainfarn, Wurmfarn – bereiten. Eine Adlerfarnjauche wirkt z. B. gut gegen Blutlaus, Rain- und Wurmfarnjauchen gegen die so schwer bekämpfbare Wollaus. Wurmfarn wiederum ist wirksam gegen Schild- und Schmierläuse. Manche dieser „Spezialläuse" schützen sich durch eine feine Wachsschicht. Man gibt deshalb den Farnjauchen bis zu 5% Brennspiritus hinzu, um diese Schicht aufzulösen und die Wirkung des Präparates zu steigern.

Eine Jauche aus Knoblauch wirkt gut gegen die Erdbeermilbe wie auch andere Weichhautmilben. Die bereits erwähnte Ackerschachtelhalmjauche wird gegen den echten Mehltau, Rostpilze, Schorf und bei Blattfleckkrankheiten der Tomate ein-

gesetzt. Jauche aus Tomatenblättern vertreibt die Kohlweißlingsraupe.
Neben den spezifischen Wirkungen haben selbstverständlich alle diese Spezialjauchen auch einen hohen Düngewert! Sie können nicht nur mit der Gießkanne durch Überbrausen, sondern auch, nach vorherigem Durchseihen durch ein Küchenhandtuch, mit der Rückenspritze auf grüne Pflanzenteile aufgebracht werden. Stets ist jedoch auf eine angemessene Verdünnung zu achten, um Blattschädigungen zu vermeiden.
Alle Jauchenfässer *müssen* von oben abgedeckt sein, damit nicht Vögel darin ertrinken. Die Abdeckung kann durch ein Brett oder ein Drahtgitter erfolgen.
Dem erstmaligen Anwender sei gesagt, daß der am Anfang für ihn widerliche Gestank einer nicht mit Gesteinsmehl behandelten Jauche wirklich nur ganz kurzfristig ist, er verschwindet auf den Beeten schon nach wenigen Stunden.
Da es mitunter mühsam ist, Brennessel oder auch Ackerschachtelhalm zu suchen, bietet der Handel fertig vermahlene Kräuter an. Die Wirkung damit hergestellter Jauchen ist sicherlich schwächer, als wenn man frische Kräuter verwendet; trotzdem ist es immer noch besser, eine solche Jauche zu bereiten, als gar keine.
Ebensogut kann man aber selber Brennessel, Ackerschachtelhalm und die übrigen Kräuter während der Vegetationszeit im Sommer sammeln und trocknen, um im Herbst oder im Frühjahr daraus Jauchen bereiten zu können.
Zusammengefaßt: Jauchen der verschiedensten Art helfen mit, den Boden zu düngen, die Bodenstruktur locker zu machen, Pflanzen direkt mit düngewirksamen Stoffen zu versorgen, aber auch sie gesund zu erhalten. Den Umgang mit Jauchen kann man kaum aus Büchern erlernen – man muß ihn praktizieren, um dann zu überlegen: Bleib ich dabei? Oder verwende ich lieber andere organische Düngestoffe? Eines steht jedoch fest: Ein billigeres Düngen gibt es kaum.

5.4 Gründüngung, Flächenkompostierung

Unter Gründüngung versteht man die Düngung des Bodens mit lebendigen Pflanzen, die zu gegebener Zeit lediglich abgeschnitten und allenfalls leicht eingearbeitet werden, damit sie dann an Ort und Stelle verrotten.
Unter *Flächenkompost* versteht man eine Bodenbedeckung mit abgeschnittenem totem Pflanzenmaterial, das nicht eingearbeitet wird, sondern auf der Erde liegen bleibt.
Flächenkompostierung nimmt man auch mit Zukaufmaterial vor, beispielsweise Stroh, Häcksel oder sogar industriell vorgemischtem organischem Material, das aus verschiedensten Pflanzenprodukten zusammengestellt wird.
Mulchen nennt man diejenige Flächenkompostierung, die bevorzugt auf Baumscheiben und auf Gemüsebeeten angewendet wird.
Zur Gründüngung Verschiedene Gründüngungspflanzen haben sich besonders bewährt. Es sind dieses vornehmlich Leguminosen wie Kleearten, Ackerbohnen, Platterbsen oder Wicken. Die nachstehende Aufstellung erläutert die zur Zeit bekanntesten Gründüngungspflanzen, ihre Anwendung und Besonderheiten.
Gründüngungspflanzen können jederzeit eingesät werden: während einer vorgesehenen Brache eines Beetes, als Vor- oder Nachkultur, wie auch im Herbst als Düngepflanzen für die Frühjahrsbestellung. Im Frühjahr werden dann die Pflanzenreste entweder abgemäht oder oberflächig ein-

Aufstellung der wichtigsten Gründüngungspflanzen

Lfd. Nr.	Pflanze	Saatmenge g/m²	Bemerkungen
	I. Bodendecker, Beetvorbereitung, Humusbildner, Kompost- und Futterpflanzen		
1.	„Grünhumus"	12,5g	Für leichte bis mittlere Böden
2.	„Grünaktiv" „Sperli"*	12,5 g	Für schwere Böden
3.	„Schnellgrüner"	25,0 g	Stickstoffsammler, schnelle Begrünung.
4.	Landsberger Gemenge	6,0 g	Stickstoffsammler, Humusbildner
5.	Rotenburger Kombi-Gemenge, Fa. Cohrs*	n. Anwsg.	Stickstoffsammler, Humusbildner
6.	Kartoffeln	6 St/m²	Gute Bodenlockerer, brauchen Düngung
	* siehe Lieferantenhinweise		
	II. Stickstoffsammelnde Gründüngungspflanzen Nr. 3 + 4 + 5		
7.	Ackerbohne	15,0 g	Verträgt Trockenheit
8.	Futtererbse/Platterbse	10,0 g	Bringt viel Grünmasse
9.	Sommerwicke	10,0 g	Frosthart bis −5°
10.	Lupine	20,0 g	Tiefwurzler, hoher Stickstoffsammler
11.	Luzerne	3,0 g	Tiefwurzler, für Tierfutter und Komposthaufen
12.	Weißer Steinklee	3,0 g	Viel Grünmasse, Tiefwurzler, vertreibt Mäuse
13.	Alexandriner- + Perserklee	6,0 g	Viel Grünmasse, Tierfutter
	III. Stark wurzelbildende und dadurch humuserzeugende Pflanzen 1 + 2 + 4 + 5 + 12 + 13		
14.	Spinat	5,0 g	Gleichzeitig Nahrungspflanze
15.	Feldsalat (Nüssli)	3,0 g	Gleichzeitig Nahrungspflanze, winterhart
16.	Ölrettich	3,0 g	Tiefwurzler, kurz vor Blüte abmähen
17.	Senf	5,0 g	Kurz vor Blüte abmähen, Grünmasse kompostieren
18.	Phacelia (Bienenfreund)	5,0 g	Bienenpflanze! Hübsche Blüte
19.	Tagetes (Studentenblume)	5,0 g	Hält Schnecken ab, in versch. Blütefarben ansäen
20.	Ringelblume (Calendula)	5,0 g	Hält Läuse und Pilzerkrankungen fern
21.	Gartenkresse	8,0 g	Hält Läuse fern, gleichzeitig Nahrungspflanze
	IV. Als Vorkultur besonders geeignet 7 + 14 + 15 + 17		
	V. Als Nachkultur besonders geeignet 7 + 14 + 15 + 16 + 17		Spinat und Senf können noch im Oktober gesät werden.
	VI. Zur Verbesserung der Bodengesundheit geeignete Pflanzen 1 + 2 + 4 + 5 + 6 + 7 19 + 20 + 21		Senf verbessert die Bodenhygiene, Tagetes und Ringelblume wirken bei Nematodenbefall, Kresse vertreibt Erdflöhe und Läuse
22.	Alle Heil- und Gewürzpflanzen!		Alle Heil- und Gewürzpflanzen beeinflussen den Boden positiv und wirken abwehrend gegen Schädlinge.
	Tiefwurzler nicht auf Baumscheiben aussäen!		

geschält, es bleibt jedenfalls alles auf dem Boden liegen und verrottet an Ort und Stelle. Hierdurch kommt viel organisches Material, aber auch wertvoller, organisch gebundener Stickstoff in den Boden. Es macht überhaupt nichts, wenn die nachfolgende Saat mitten in die noch nicht ganz verrottete Gründüngung eingesät wird; diese wird nach und nach vom Bodenleben vertilgt, die Saat läuft prächtig auf.

Wie aus der Tabelle ersichtlich, werden zur Gründüngung nicht nur Leguminosen herangezogen, sondern auch Kreuzblütler, beispielsweise Senf oder Rettich. Durch ihr starkes Wurzelwerk bilden sie viel Humus im Boden und sorgen durch ihre besonderen Wirkstoffe auch für eine gewisse Bodenhygiene.
Gern verwendet man auch Gründüngungspflanzen, die nur durch ihre hohe Blatt- und Wurzelmasse wirken sollen, dadurch also zur Bodenlockerung und zur Ernährung des Bodenlebens beitragen. Hierunter fallen der Spinat und die Phacelia (*Phacelia tanacetifolia*), auch Büschelschön oder Bienenfreund genannt.

Zuletzt sei noch das „Unkraut" erwähnt: Nur *wir* stempeln die sogenannten Un-Kräuter zu negativen Pflanzen – in Wirklichkeit sind es Gewächse mit höchster Lebenskraft und vielfältigen Auswirkungen auf das Bodenleben. Natürlich können wir sie nicht in unseren Kulturen dulden, sie würden den Nutzpflanzen zuviel Nahrung wegnehmen. Jedoch ab und zu ein Unkraut dazwischen – das stört nicht und dient auch mit zur Bodenbeschattung. Am sinnvollsten rupft man die Unkräuter in den Beeten aus, läßt sie aber dann an Ort und Stelle verrotten. So dienen sie der Bodenbeschattung, versorgen gleichzeitig den Boden mit ihren vielfältigen Nähr- und Wirkstoffen. Das sieht im ersten Moment nicht schön aus, schon nach wenigen Tagen aber sieht man von ihnen nichts mehr, ihre Kräfte aber sind in den Boden eingegangen.
Eine besondere Art der Gründüngung, gerade für Gartenbeete im Herbst, stellen bekannte Leguminosemischungen dar, wie sie z. B. unter dem Namen *Rotenburger-Kombigemenge* von E. O. Cohrs (siehe Lieferantenhinweis) oder unter *Gartendoktor, Grünhumus, Grünaktiv* und *Schnellgrüner* der Fa. Sperling-Samen (siehe Lieferantenhinweis) geliefert werden. Die Saaten werden im Herbst nach dem Abräumen der Beete ausgebracht, sie gehen noch auf, sind aber nach dem Schnee im Frühjahr kaum noch vorhanden. Man kann also auf die mit ihnen behandelten Flächen direkt aussäen oder auch das Jahr über auf wuchsschwachen Böden und dann, wenn sie groß geworden sind, nach der Blüte abschneiden, wobei der Schnitt im Sinne der Bodenbedeckung an Ort und Stelle liegenbleibt. *Mitten hinein in den Schnitt* können dann die Kulturpflanzen gesetzt werden!

Zur Flächenkompostierung verwendet man abgeschnittenes organisches Material, sei es frisch, sei es getrocknet. Frisches Material ist beispielsweise abgeschnittenes Gras, getrocknetes ist Stroh. Es wird nicht nur zwischen die Beetreihen, unter die Pflanzen gelegt, nein, man sieht heute ganze Weinberge voll mit Stroh bedeckt, um Bodenerosion zu verhindern, die Feuchtigkeit zu halten und das Bodenleben bis an die Oberfläche der Erde kommen zu lassen.
Eine besondere Art der Flächenkompostierung ist das *Mulchen.* Hierzu wird vorzugsweise abgeschnittenes Gras verwendet, das nun *auf* die Baumscheibe der Obstgehölze, der Sträucher, 20 bis 30 cm hoch verteilt wird. Es rottet von unten her langsam an, unter der Grasdecke ist reiches tierisches Leben aller Art festzustellen. Der Boden bleibt feucht, lebende Pflanzen kommen nicht mehr auf oder werden unterdrückt. Nach und nach verrottet das Gras und wird zu Dünger.
Diese Rotte kann beschleunigt werden, wenn man etwas Hornmehl oder sonstigen organischen Dünger auf den Mulch aufstreut. Gesteinsmehl und etwas Algenkalk kommen hinzu.

Ab Spätherbst hebt man die Mulchdecke ab, um auf Mäusegänge zu kontrollieren. Stellt man solche fest, so ist der Mulch zu entfernen, denn die Mäuse fühlen sich sonst unter dem warmen Mulch im Winter so wohl, daß sie den betreffenden Baum als ihre Nahrungspflanze ansehen und, je nachdem, ob es sich um Wühl- oder Feldmäuse handelt, seine Wurzeln oder seine Rinde anfressen.

Gründüngung und Flächenkomposte helfen mit, unsere Gärten gesundzuhalten, besonders aber das Bodenleben zu aktivieren. Im Grund ist jede Vor- und Nachsaat auf einem Beet eine Art Gründüngung, wenn wir sie auch mit Nahrungspflanzen vornehmen.

Unverzichtbar ist eine Gründüngung mit den erwähnten Leguminosegemischen, wenn Beete *neu angelegt* werden. Sät man auf ein frisch umgestochenes Rasenstück den Sommer über die Gründüngungspflanzen an, mäht diese ab und sät im Herbst noch Senf in den Mulch hinein, so ist zwar in dem laufenden Jahr kein Ertrag erzielt worden, der Boden ist jedoch für die Neuanpflanzung des nächsten Jahres so gut vorbereitet, so nährkräftig geworden, wie wir es mit Zukaufdüngemitteln auch nicht besser erreichen können. Das eine Jahr zu warten, lohnt sich immer. Der Ertrag und die Freude an dem betreffenden Beet werden in den nächsten Jahren den Ausfall mehr als wettmachen.

5.5 Wie erhält man ausreichende Mengen an Kompostmaterial?

Der eigene Haushalt gibt mehr her als man denkt: In der Küche stehen grundsätzlich zwei Eimer, einer für Blech, Plastik und sonstiges unverrottbares Material, ein weiterer für alles, was irgendwie auf dem Komposthaufen Verwendung finden kann. Hinzu kommen noch der Inhalt des Staubsaugerbeutels, Aschen aus eventuell vorhandenen Öfen, Kehricht aller Art und natürlich *sämtliche* Gartenabfälle.

Wie steht es mit den Nachbarn? Gärtnern sie auch, oder kann man sie mit ein paar freundlichen Worten dazu auffordern, ebenfalls Material zur Verfügung zu stellen? Manche Gärtner stellen am Rande ihres Gartens, zur Straße hin, Behälter auf, in die die Nachbarn verrottbares Material hineinfüllen. Ungeahnte Mengen ergeben sich so!

Rechte Seite:
Ältere Azotobakterkolonie in Viererpaketen. Diese stickstoffbindenden Organismen leben nur in guten Böden und sind ein Zeichen für gute Bodengare (Vergrößerung 640fach).

Oben rechts: *Knöllchenbakterien als Kultur. Sie leben in Symbiose mit Leguminosen und binden Luftstickstoff in „Knöllchen", in denen ungeheure Mengen dieser Bakterien leben. Diese Bakterienart ist die wertvollste „Stickstoffabrik" des Bodenlebens (Vergrößerung 320fach).*

Unten links: *Älteres Streptomycetenmycel mit Fruchtkörpern. Streptomyceten sind für die Humusbildung im Boden wichtig, sie bewirken auch den Geruch nach Walderde. Sie sind ein Zwischenglied zwischen Pilzen und Bakterien, auch sie können in Knöllchen Luftstickstoff binden (Vergrößerung 320fach).*

Unten rechts: *Riesenkolonie von Algen der Gattung „Nostoc". Auch sie binden Luftstickstoff und sind untrennbar mit dem Begriff des belebten, fruchtbaren Bodens verbunden; auch sie leiden unter Mineraldüngern und Bodenpestiziden (Vergrößerung 320fach).*

Folgende Seite:
Oben links: *Ein Gemüsegarten wird angelegt. Grassoden werden ausgestochen und kompostieren für sich den Sommer über.*

Oben rechts: *Leguminosenmischung wird auf den freigelegten Boden ausgesät, schon wenige Tage später sind die Samen aufgelaufen.*

Unten links: *Schon wenige Tage später wächst die Leguminosenmischung kräftig aus. Der Grasbewuchs an den Beeträndern wird später unterdrückt.*

Unten rechts: *Die Leguminosenansaat wurde vor der Blüte abgeschnitten, die Grünmasse gehäckselt und wieder auf das Feld verbracht. Mitten hinein wurde Senf gesät, der Ende September noch prächtig aufgelaufen ist.*

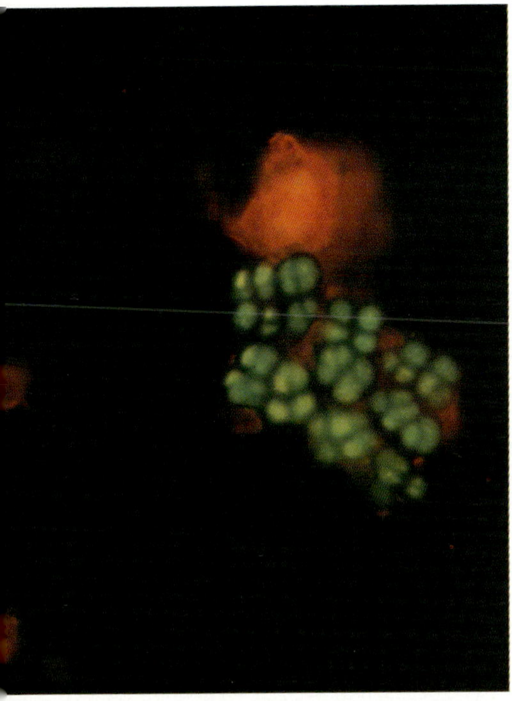

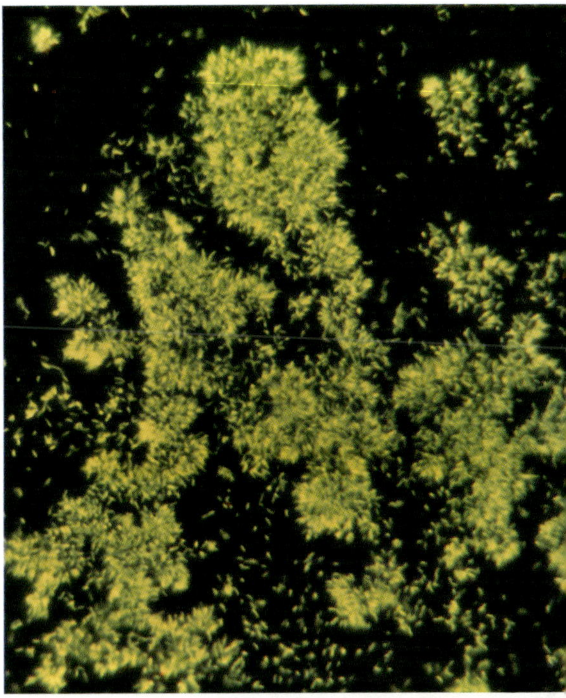

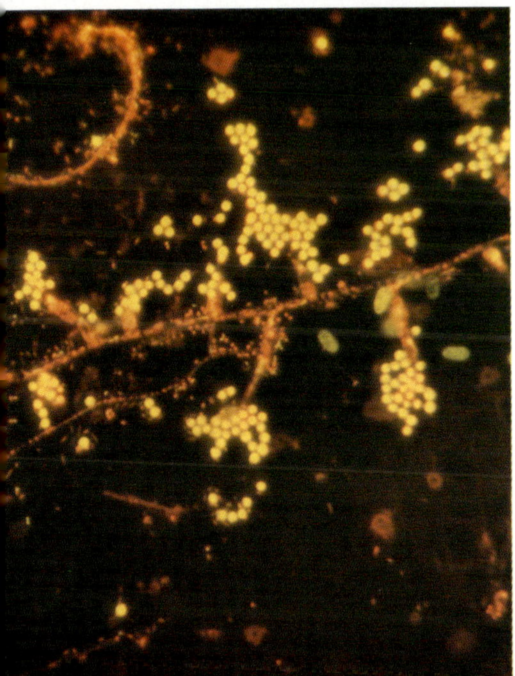

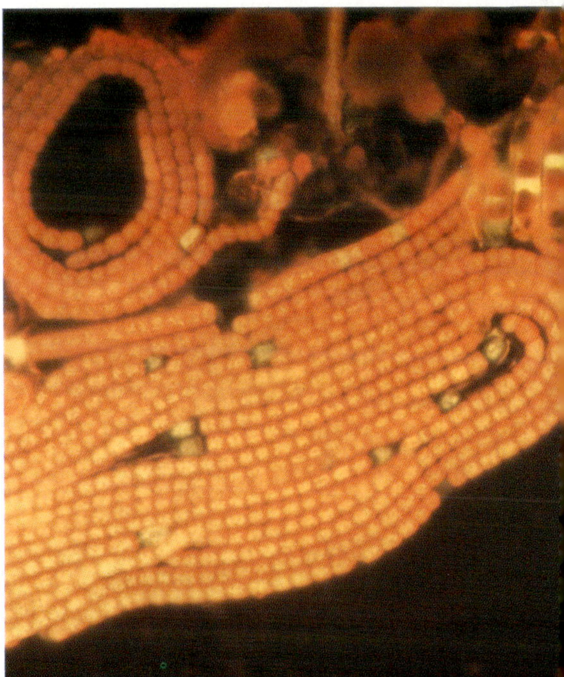

holzer

5 mm
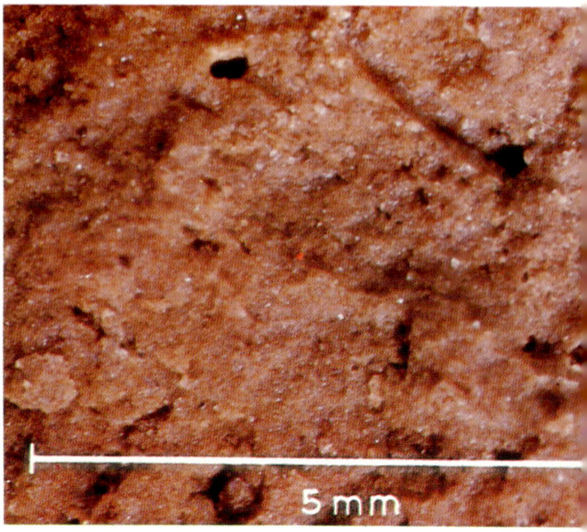
5 mm

5 mm

5 mm

1 cm

5 mm

Ist ein Häcksler vorhanden oder kann man einen leihen, so sammelt man zudem Tageszeitungen. Auch hierzu können die Nachbarn herangezogen werden. Große Mengen werden sich so im Laufe eines Jahres ansammeln.

Vorhergehende Seite:
Oben links: *Die Senfeinsaat ist im Frühjahr abgefroren, die verholzten Pflanzenreste dienen der Bodenlockerung.*
Oben rechts: *Mitten hinein kommen die Jungpflanzen in Pflanzreihen mit jeweils 50 cm Abstand und gemischter Frucht als Mischkultur.*
Unten links: *Schon im Sommer reiche Ernte, frei von Schädlingen und Schadpilzen.*
Unten rechts: *Riesenkohlrabi – ein Ergebnis sinnvoller Beetanlage mit Gründüngung und Mischkultur ohne sonstige Zudüngung.*

Linke Seite:
Oben links: *Einzelkorngefüge. Die Mineralkörnchen (vornehmlich Quarz und Feldspat) sind nicht miteinander verknüpft, da der verbindende Humus bzw. die Bodenkolloide völlig fehlen. Ein „armer“ Sandboden, der jedoch durch kräftige Humusgaben fruchtbar werden kann.*
Oben rechts: *Kohärentgefüge. Die Schluff- und Feinsandkörner sind allseitig von zusammenhängenden Tonteilchen umgeben und dadurch miteinander verklebt. Der Boden ist dadurch verhärtet und bedarf der Auflockerung durch Humus oder auch sandige Erde.*
Mitte links: *Hüllengefüge. Die Mineralkörper sind von braunen und schwarzen Hüllen aus Eisenoxiden und Humusstoffen umgeben und miteinander verklebt, so daß ein zwar kompaktes, aber doch stabiles Bodengefüge vorliegt. Bei regelmäßiger Bodenlockerung ein bereits fruchtbarer Boden.*
Mitte rechts: *Krümelgefüge. Es besteht aus rundlichen, porösen, bis 10 mm großen Aggregaten mit rauher Oberfläche, die durch Tone, Wurzeln und Pilzhyphen locker miteinander verflochten sind. Dabei ist meist auch Wurmkot vorhanden. Die Krümel sind gegenüber Wasser recht stabil. Beispiel für humose, nährstoffreiche, lehmhaltige Braun- und Schwarzerden mit bester Fruchtbarkeit.*
Unten links: *Polyedergefüge. Es ist typisch für humusarme, tonreiche Erden nach Trockenperioden. Bei Zugabe von Humus können hieraus fruchtbare Böden entstehen.*
Unten rechts: *Bröckelgefüge. Es entsteht u. a. durch falsche Bodenbearbeitung lehmiger, tonhaltiger Böden, z. B. durch Pflügen oder grobscholliges Umgraben, besonders wenn der Boden zu trocken oder zu naß bearbeitet wurde. Ein im allgemeinen fruchtbarer Boden, der durch Humusauftrag und nur leichte, oberflächige Bodenbearbeitung rasch wieder in Ordnung kommt.*

Hecken-, Rasen-, Obstbaumschnitt – alles wird verwertet im Rahmen der weiter oben beschriebenen Sonderkomposte. Man glaubt gar nicht, wie glücklich ein Nachbar ist, wenn man ihm einige Säcke zur Verfügung stellt, damit er seinen Heckenschnitt hineinfüllen kann und ihn so los wird!

Kurz, mit ein wenig Überlegung, etwas Freundlichkeit und auch Bereitwilligkeit, die Materialien abzuholen, lassen sich große Mengen kompostierungsfähiges Material zusammentragen, oft so viel, wie man im eigenen Garten gar nicht verwenden kann. Nachbarschaftshilfe ist es dann, wenn man als Entgelt für das Material im nächsten Jahr etwas Kompost zur Verfügung stellt – das erhält die Freundschaft.

Seien wir uns doch darüber im klaren: Die größte Menge des kompostierfähigen Materials verschwindet über den Mülleimer und die Müllabfuhr auf Deponien und in Verbrennungsöfen – und ist damit für eine Wiederverwendung endgültig verloren. Zweigen wir doch davon soviel wie möglich für unsere Zwecke ab!

5.6 Maschinelle Ausrüstung, Kompostgestelle

Die einfachste „Ausrüstung“ zur Verarbeitung von Kompostmaterial besteht aus einem Hauklotz und einem Hackmesser, einem Handbeil. Hiermit wird alles sperrige Material klein zerhackt, damit es sich leichter mischen und kompostieren läßt.

Dann folgt bereits ein Häcksler, also eine Maschine, die Gartenabfälle, aber auch kleine Zweige, Zeitungen usw. durch motorangetriebene Werkzeuge feinst zerhackt.

Eine reiche Auswahl an Geräten steht hier zur Verfügung, durch Elektro- oder Benzinmotor angetrieben. In Gegenden mit hoher Wohndichte sollte man unbedingt elektrische Geräte bevorzugen, sie arbeiten fast geräuschlos und sind mit Wechselstrom zu betreiben; nur bei größeren Geräten benötigt man Drehstrom.

Der Verfasser empfiehlt aus eigener Erfahrung Geräte mit folgenden Merkmalen: Motorstärke nicht unter 3 PS, Materialeinfüllung möglichst senkrecht von oben, Kraftübertragung auf die Messer über einen Riemenantrieb und nicht direkt vom Motor, es sei denn, dieser hat einen Überlastungsschalter am Gerät (sonst saust man ständig zum Sicherungskasten!). Leichte, schnelle Reinigungsmöglichkeit der Messer muß gewährleistet sein. Möglichst große Räder sollten ein bequemes Fahren des Gerätes ermöglichen. Zweige bis zu einem Durchmesser von ca. 2 cm müssen noch bearbeitet werden können. Das Zerhäckseln noch dickerer Äste ist immer problematisch und beansprucht jede Maschine außerordentlich stark, ist auch nicht ungefährlich. Nach dem Kriterium, wie dicke Zweige ein Häcksler noch bewältigt – es werden Stärken bis 5 und 7 cm angegeben, also schon dicke Äste – wird eine solche Maschine also keineswegs ausgesucht!

Das Angebot auf dem Markt ist groß; man kauft aber nur ein Gerät, bei dem ein verläßlicher, reparaturfreundlicher Händler in der Nähe ist. Grundsätzlich aber kaufe man von vornherein eine leistungsfähige Maschine. Zu leichte Geräte benötigen für die Verarbeitung lange Zeit, verstopfen gerne, werden überbeansprucht und dann meistens nach einer Saison ausgetauscht. Es ist also ähnlich wie mit Haushaltsgeräten oder sonstigen Elektrowerkzeugen: Lieber gleich ein solides und genügend starkes Gerät kaufen! Ein kleines, preiswertes Gerät kostet auch Geld, man hat aber auf lange Sicht nicht soviel Freude daran.

Man kaufe keine Maschine, ohne sie selbst im eigenen Garten oder beim Händler gründlich ausprobiert zu haben. Hier zeigt sich gegenüber manchen Prospektangaben schnell, wie leistungsfähig ein solches Gerät wirklich ist. Besonders aber prüfe man das Zerkleinern von Zeitungspapier. Dieses billige, in jedem Haushalt reichlich vorhandene Material ist bisher im Garten viel zuwenig verwendet worden; das Zerkleinern und Verkompostieren macht nicht viel mehr Arbeit, als wenn man es für die Müllabfuhr sorgfältig bündelt.

Kompostsilo Das Angebot ist fast nicht mehr überschaubar. Trennen wir daher die einzelnen Typen in a) Drahtsilo, b) Holz- und Betonsilo, c) Metall- und Kunststoffsilo.

a) Die billigste Form der Herstellung eines *Drahtsilos* wurde im Kapitel 5.2 erwähnt. Natürlich gibt es auch entsprechende Behälter fertig zu kaufen, seien sie nun viereckig oder rund. Die viereckigen sind bei Nichtgebrauch leichter zusammenzulegen. Ummantelt man sie mit einer Plastikplane oder Schilfmatte, so daß der Wind die Randzonen nicht austrocknen kann, so sind sie alle gut brauchbar. Man achte darauf, daß sie zur Entnahme des fertigen Kompostes bequem geöffnet werden können. Der Verfasser empfiehlt grundsätzlich verzinkte Ausführungen, sie halten länger als kunststoffummantelte Drahtgestelle.

b) Holz- oder Betonsilo Auch hier gibt es eine reiche Auswahl der verschiedensten Systeme. Die Einzelteile werden entweder durch Falzungen oder Steckelemente sinnvoll miteinander verbunden, so daß man einen solchen Silo nach und nach bequem aufbauen kann. Ein Silo aus Holz ist infolge seines geringeren Gewichtes natürlich leichter aufzustellen als einer aus Betonplatten; letzterer wird allerdings länger halten. Der Verfasser rät zu Holz, der Umgang mit schweren Betonplatten ist mühsam.

Mehr oder weniger haben sich alle Typen bewährt. Zu beachten ist, *daß die Luftschlitze zwischen den einzelnen Elementen nicht zu groß sind,* so daß der Wind das Material nicht austrocknet. Eine Schlitzbreite von 1 bis 2 cm zwischen den Bretterlagen genügt völlig! Gegebenenfalls muß sonst ein solcher Silo auch mit einer Schilfmatte, mit Sackleinen oder Plastikplane umkleidet werden.

Bei der *Nachimprägnierung* von Holzteilen, die vor jeder Neubefüllung durchgeführt werden sollte, darf man auf keinen Fall bakterien- oder pilzfeindliche Imprägniermittel verwenden! Also kein Karbolineum oder Imprägniermittel, die Insektizide und Fungizide enthalten – diese verhindern ein Bakterienleben bis zu 10 cm in den Silo hinein und hemmen somit eine Verrottung der Randschichten! Auch Ölfarben, Kunststoffdispersionen usw. werden selbstverständlich nicht verwendet.

Zu empfehlen sind leichte Paraffinöle, die in der Apotheke oder Drogerie zu haben sind, giftfreie Imprägniermittel, wie sie beispielsweise unter dem Namen *Bondex®* im Handel erhältlich sind, dünnflüssige Motorenöle, Petroleum oder auch Dieselkraftstoff. Auch reines Leinöl imprägniert ausreichend. Das Holz wird mit diesen Präparaten satt eingestrichen und sollte dann einige Tage an der Luft austrocknen können, bevor man den Silo wieder aufbaut.

Selbstverständlich kann man hölzerne Silos auch leicht selber bauen: 4 Pfähle werden auf 1 m^2 Grundfläche in den Boden eingeschlagen und dann ringsherum mit Brettern oder Dachlatten verschraubt bzw. vernagelt. Die Schlitze zwischen den Brettern betragen 1 cm, höchstens 2 cm. An der Seite, an der später die Entnahme erfolgen soll, werden die Bretter stets angeschraubt, so daß sie leicht wieder entfernt werden können. Es werden nur verzinkte oder rostfreie Stahlschrauben verwendet.

Auch kann man einen Steinsilo aus Wabensteinen hochmauern, wobei man an der Entnahmeseite jeweils links und rechts eine U-Schiene einmauert, in die dann

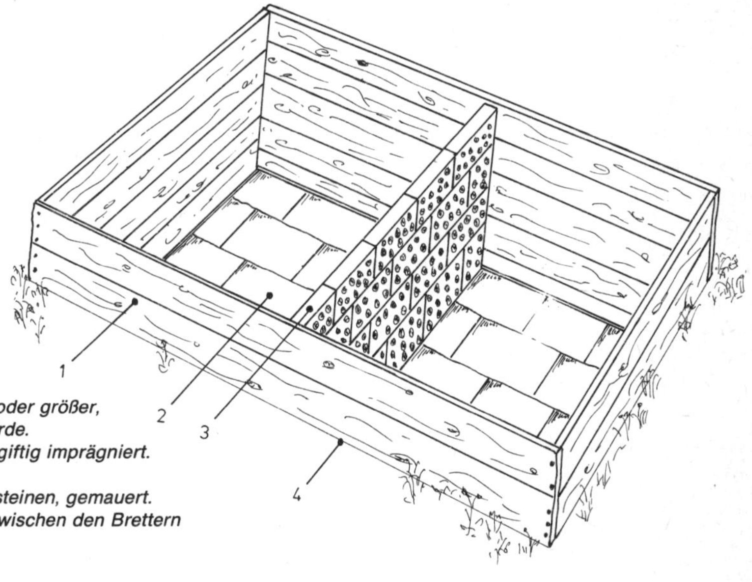

„Wandermiete" *ca. 2 m x 1 m, oder größer, 60 cm hoch, zur Hälfte in der Erde.*
1 = Holzbohlen, 4 cm stark, ungiftig imprägniert.
2 = Betonplatten
3 = Zwischenwand aus Wabensteinen, gemauert.
4 = In Bodenhöhe Luftschlitz zwischen den Brettern lassen – ca. 1–2 cm.

Bretter eingeschoben werden. Der Phantasie sind keine Grenzen gesetzt, je nachdem, welches Material zur Verfügung steht.

Eine besondere Form einer kleineren Kompostmiete sei hier noch genannt: die sogenannte *Wandermiete.* Sie wird etwa 50 cm in den Boden eingelassen und ragt 50 cm über dessen Niveau hinaus. Die Form ist rechteckig, ca. 2 m auf 1 m. Es wird eine Zwischenwand aus Wabensteinen eingemauert, so wie es die Skizze zeigt.

Man befüllt zunächst eine Hälfte der Miete randvoll und fängt anschließend erst mit der Befüllung des zweiten Teiles an. Jetzt werden die Würmer und sonstige Komposttiere langsam von der vollen Seite, in der ja nun langsam die Nahrung knapp wird, in die andere, jetzt neu befüllte Seite hinüber-„wandern", wo sie dann ihre Tätigkeit weiter ausüben. Den erst befüllten Teil der Miete läßt man noch eine Zeitlang ruhen bis seine Kompostierung vollendet ist, entnimmt dann das Material und geht nun wieder umgekehrt vor.

Der Vorteil dieses Systems ist, daß man stets einen ungewöhnlich reichen Wurmbesatz im Kompostmaterial vorfindet, denn die Würmer haben ja stets frische Nahrung zur Verfügung.

c) Metall- und Kunststoffsilo Erwähnt seien hier insbesondere der *Mücke-Komposter,* die *Normstahl-Komposter* oder der *Neudorff-Kunststoffkomposter* (siehe Lieferantenverzeichnis). Sie zeichnen sich durch ein raffiniertes Belüftungssystem und guten Verschluß des Silos von allen Seiten *und von oben* aus. Werden sie schnell oder sogar auf einmal befüllt, so können sich in ihnen Temperaturen bis zu 70 Grad entwickeln, bei der Schädlinge und Unkrautsamen vernichtet werden. Natürlich wird sich bei dieser Temperatur auch kein tierisches Leben im Silo entwikkeln; es ist zunächst also eine rein bakterielle Rotte. Das Material wird dabei sehr schnell umgesetzt, schneller als in allen anderen Siloformen.

Notwendig ist jedoch, daß nach Abschluß der Heißphase der Siloinhalt herausgenommen und noch auf einige Zeit zu einem Komposthaufen aufgesetzt wird. Dann beleben Würmer und sonstige Kleintiere das Material und verbessern es noch.

Neu sind Geräte, die die Vorzüge zweier Silotypen vereinen: Ein Drahtbehälter steht in einem geschlossenen Metallbehälter, zwischen beiden kann Luft zirkulieren. Ein dunkler Außenmantel sorgt zugleich für warme Innentemperaturen. Es ist eine Preisfrage, ob sich der Gärtner zu einem solchen Gerät oder zu einem einfacheren aber auch preiswerteren entschließt.

Wiederholt wurde erwähnt, wie vorteilhaft es ist, einen Silo *vollständig auf einmal* mit Rottematerial zu füllen. Dies ist möglich, wenn man das zu verkompostierende Material vorab in einem Zwischenlager sammelt, auch wenn darin schon eine Vorrotte beginnt. Ist dann genug Rottematerial da, so füllt man den Silo auf einmal und erreicht dann ebenfalls die gewünschten *hohen* Rottetemperaturen.

Der Verfasser konnte jedoch immer wieder feststellen, daß – auf Dauer gesehen – ein ganz normaler Silo, der nach und nach mit allem möglichen anfallenden Material befüllt wird, wohl die übliche Methode darstellt und am besten das Verhältnis zwischen Arbeitsaufwand, Raumbedarf und Kompostqualität erfüllt.

Schließlich muß aber jeder Gartenbesitzer selbst die ihm am besten liegende und seiner Gartensituation am besten entsprechende Lösung finden; meist wird die einfachste am zweckmäßigsten sein.

Kapitel 6: Bodenuntersuchungen

In jedem Gartenbuch findet man die Empfehlung, durch eine Bodenuntersuchung den Zustand des eigenen Gartenbodens näher kennenzulernen. Aber wie wenig wird hiervon Gebrauch gemacht! Während es in der Landwirtschaft schon längst üblich ist, zum Teil sogar mehrmals jährlich, Bodenuntersuchungen vornehmen zu lassen, denken viele Gartenbesitzer immer noch, dies sei nicht nötig, eine unnütze Geldausgabe.

Diese Ansicht ist falsch, und man sollte die relativ geringen Kosten nicht scheuen, wenigstens einmal eine *Grundanalyse* des Gartenbodens, zumindest des Teiles, in dem die Gemüsebeete angelegt werden, vornehmen zu lassen.

Zwar kann man mit der hier immer wieder empfohlenen Humusdüngung keine Fehler machen, aber schon bei Zukaufdüngern können wir Geld sparen – möglicherweise brauchen wir ja gar keinen oder kommen mit einem preiswerten Ein-Nährstoffdünger aus.

Wie steht es um den pH-Wert des Bodens? Wie ist der Kalkgehalt? Darauf gibt uns eine solche Analyse Auskunft, unterrichtet aber auch zugleich über Humusgehalte, Bakterienleben usw. Im Anhang sind einige Adressen von Untersuchungsinstituten angegeben.

Diese dort genannten Institute bieten verschiedene Untersuchungen an, nämlich solche auf Hauptnährstoffe mehrerer Löslichkeitsstufen, auf Spurenstoffe, Schwermetalle und biologische Aktivität.

Sie müssen auch entsprechend unterschiedlich honoriert werden. Man sollte einen Prospekt anfordern, der zugleich erläutert, wie die Probeentnahme vorzunehmen ist.

Neben den dort genannten Privatinstituten führt auch jede landwirtschaftliche Untersuchungsanstalt entsprechende Analysen aus. Die Untersuchungen sind dort nicht so detailliert und beziehen nicht bodenbiologische Werte ein, geben aber in jedem Fall Auskunft über die Nährstoffverhältnisse und evtl. auch den Humusgehalt. Die Anschriften dieser Untersuchungsanstalten erfährt man beim zuständigen Landratsamt, beim nächsten Landwirtschaftsamt, aber auch bei den landwirtschaftlichen Genossenschaften. Es ist ratsam, vorher eine schriftliche Auskunft einzuholen, ob Untersuchungen für Private durchgeführt werden und was sie kosten.

Die zweite Möglichkeit, den Zustand seines Bodens wenigstens einigermaßen kennenzulernen besteht darin, eines der im Handel angebotenen Bodentestgeräte zu erwerben. Es gibt z. B. das *Primus-Gerät* oder den *Sudbury-Tester,* mit denen man bis zu 30 Tests durchführen kann, einschließlich der pH-Wert-Bestimmung. Bekannt ist auch der *Calcitest-Kalkprüfer,* der über den Kalkzustand des Bodens verläßliche Aussagen macht. Wenn nur der Säure- oder Alkaliwert des Bodens, kurz der pH-Wert, interessiert, reichen *pH-Meßstäbchen* aus.

Jedes größere Samenhaus verfügt über solche Geräte, auch in den Gartenkatalogen der Versandhäuser sind sie aufgeführt. Den Geräten liegen genaue Anweisungen bei (siehe auch Seite 54).

Wir können aber auch den Boden selber testen. Ein Artikel zu diesem Thema, betitelt: „Den Boden selber beurteilen, einfache Verfahren und Hilfsmittel", veröffentlicht in der schweizerischen Zeitschrift „Der biologische Land- und Gartenbau" Ausgabe 88/83, wird, mit freundlicher Genehmigung des Verfassers, Dr. M. Dicht,

Kyburg, Schweiz, nachstehend veröffentlicht. Er beschreibt, welche Möglichkeiten wir haben:

Physikalische Bodendiagnose

„Die geologische Bodenart ermitteln wir mit Hilfe der sog. Fingerprobe. Dazu verwenden wir naturfeuchten Boden. Dieser wird zwischen den Fingern gerieben und geknetet. Das Ergebnis der Fingerprobe wird nach folgendem Schema beurteilt: Aufgrund seiner hohen Wasserdurchlässigkeit neigt ein *sandiger Boden* stark zu Trockenheit und zeichnet sich zudem durch eine hohe Durchlässigkeit für wasserlösliche Nährstoffe aus. Ein solcher Boden kann durch Humusgaben stark verbessert werden. Ein *lehmiger oder toniger Boden* ist ein Feuchtigkeitsspeicher, verkrustet aber eher bei Trockenheit, was durch Kompostgaben wiederum behoben werden kann. *Lehmboden* bildet je nach Ton- und Sandanteil die goldene Mitte zwischen den beiden Extremen. Bei einem lehmigen Boden mit einer Wasserkapazität (maximale Wassermenge, die der Boden zu halten vermag) von 30 Volumen-% und einer Luftkapazität (Volumen des Hohlraumsystems des Bodens) von ca. 10% können beispielsweise die beiden Werte bei einer starken Humusanreicherung bis um ca. 20% erhöht werden. So können wir nicht nur die für das Bodenleben so unbedingt notwendige Bodendurchlüftung bei minimaler mechanischer Bodenbearbeitung optimieren, sondern auch, aufgrund der Tatsache, daß die Humuskrümel Unmengen von Wasser fast unsichtbar speichern können, viel Arbeit einsparen.

Bodenprobe

- nicht verformbar, bröckelt, bindet nicht: *Sandboden* (optimaler pH-Wert = 5.5)
- der Boden bindet, zu einer bleistiftdicken Wurst aufrollbar:
  - starkes bis schwaches Knirschen (in Ohrnähe) hörbar: *sandiger Lehm bis milder Lehm* (optimaler pH-Wert = 6.0–6.5)
  - beim Ausquetschen zwischen Daumen und Zeigefinger auch in Ohrnähe kein Knirschen hörbar:
    - das Knirschen ist nur zwischen den Zähnen spürbar, die durch das Ausquetschen zwischen Daumen und Zeigefinger entstehende Gleitfläche glänzt: *schwerer Lehm* (optimaler pH-Wert = 6.5)
    - kein Knirschen zwischen den Zähnen, Gleitfläche zeigt Hochglanz: *Ton* (optimaler pH-Wert = 7.0)

Unter „optimaler pH-Wert" wird derjenige Wert verstanden, der *für die jeweilige Bodenart* die beste Verfügbarkeit der ihm innewohnenden Nährstoffe sichert. Je höher dabei der Gehalt an organischem Material im Boden ist, um so niedriger kann der pH-Wert sein, ohne schädigend zu wirken.

Ein an Humus verarmter Boden fällt durch seine mangelnde Gefügestabilität auf. Diese ist um so größer, je intensiver die Bodenorganismen für eine ›Lebendverbauung‹ der Bodenkrumen sorgen. Bleiben nämlich die Bodenteilchen isoliert, so werden sie anfällig gegen Wasser- und Winderosion. Bei schweren, tonigen Böden besteht die Gefahr der unerwünschten Verdichtung ohne stabile Krümelbildung. Zur Untersuchung der Krümelstabilität benötigen wir einen Suppenteller, beschicken ihn mit 10 Bodenkrümeln (Aggregaten) mit ca. 3 mm Durchmesser, übergießen sie vorsichtig mit etwas Wasser und kreisen den Teller während ca. 30 Sekunden. Erfolgt kein Zerfall der Aggregate, so ist die Krümelstabilität als sehr groß zu beurteilen; zerfallen sie in etwa gleich viele große und kleine Bruchstücke, so hat der Boden eine mittlere Krümelstabilität; erfolgt aber ein völliger Zerfall der Krümel, d. h. eine Trübung, so ist die Krümelstabilität sehr gering. Eine möglichst hohe Krümelstabilität zu erreichen, ist das Ziel jedes Bio-Gärtners.

Die sog. Spatendiagnose, welche von *Johannes Görbing* entwickelt wurde, sollte die Standarddiagnose jedes ökologisch verantwortungsbewußten Gärtners sein. Diese Methode gibt nicht nur Hinweise über die Bodenstruktur, sondern auch Anhaltspunkte über die biologische Bodenaktivität im Wurzelbereich der Pflanzen. Die Methode wird in einer Veröffentlichung von *Gerhard Preuschen* (1981) ausführlich beschrieben (siehe Literaturhinweise).

Auf einfachste Weise kann auch die *Bodendichte* abgeschätzt werden. Läßt sich ein Messer nur mit Gewalt in den Boden drücken, so ist der Boden sehr stark verdichtet, läßt sich das Messer mit geringem Kraftaufwand in den Boden drücken, so ist der Boden als mäßig dicht zu beurteilen, zerfällt hingegen der Boden bereits bei leichtem Drücken, so haben wir einen lokkeren Boden.

Chemische Bodenuntersuchung

Obwohl eine genaue quantitative Bestimmung einzelner Nährstoffe im Gartenboden vom Nichtfachmann kaum durchführbar ist, so können doch mit dem *Primus-Gerät* (Neudorff, siehe Lieferantenverzeichnis) gewisse Anhaltspunkte über den Nährstoffbedarf des Bodens in bezug auf Stickstoff, Phosphor oder Kalium erhalten werden. Durch chemische Farbreaktionen in Teströhrchen können anhand von Farbskalen gewisse Nährstoffdefizite des untersuchten Bodens ermittelt werden. Daraus können dann mit Hilfe von Düngerformeln die entsprechenden Korrekturen mit organischen und mineralischen Düngern wie Kompost, Blutmehl, Knochenmehl oder Holzasche, vorgenommen werden.

Sehr zu empfehlen für eine orientierende Bestimmung des pH-Wertes sind die bei *E. O. Cohrs* (D-2720 Rotenburg/Wümme) erhältlichen *pH-Teststreifen.* Der pH-Wert in einem Gemüsegarten mit lehmigem bis tonigem Boden sollte nicht weniger als 6 (leicht sauer) betragen. Bei Sandböden sind noch pH-Werte von 5 als normal zu beurteilen. Während Pflanzen wie Bohnen, Erdbeeren, Kürbis, Tomaten und Kartoffeln auf leicht saurem Boden (pH 6) sehr gut gedeihen, erreicht man ein optimales Wachstum bei Kohlgewächsen, Erbsen, Gurken, Spargeln, Spinat oder Zwiebeln im neutralen (pH 7) bis leicht alkalischen (über 7) pH-Bereich. Korrekturen des pH-Wertes im biologischen Gartenbau mit Hilfe von gemahlenem Kalkgestein oder Holzasche (zur Anhebung des Kalkgehaltes oder pH-Wertes) oder Komposten aus Nadelholzabfällen, wobei die Nadeln eine stärkere Wirkung haben als

z. B. Nadelholz-Sägemehl (zur Senkung des pH-Wertes).
Beim Abbau von Humus, einer ›ständig fließenden Stickstoffquelle‹, entstehen im Boden stickstoffhaltige Ammoniumsalze (NH_4-Salze), die durch sog. nitrifizierende Mikroorganismen bei genügender Bodendurchlüftung in Nitrate (NO_3) umgewandelt werden. Vor allem diese dienen dann der Pflanze als Stickstoffquelle für die Bildung von Eiweißen, Vitaminen und anderen wichtigen pflanzlichen Inhaltsstoffen.
Mit Hilfe von Teststäbchen (Merckoquant) ist es heute möglich, Boden- oder Kompostproben auf ihren Gehalt an Nitrat oder Ammonium zu überprüfen. Auf einer 7,5 cm langen und 0,5 cm breiten Kunststoffolie ist eine Reaktionszone aufgesiegelt, die mit empfindlichen chemischen Testreagenzien imprägniert ist, welche bei Anwesenheit von Nitrat oder Ammonium in der untersuchten Bodenprobe einen je nach Konzentration mehr oder weniger intensiv gefärbten Farbstoff bilden. Die Farbintensität wird mit einer Farbskala verglichen, deren einzelne Farbfelder in ihrer Intensität deutlich abgestuft sind, so daß meistens eine eindeutige Zuordnung der Konzentration möglich ist.
Die Verwendung solcher Teststäbchen ist im allgemeinen unproblematisch, und Störungen sind nur in seltenen Ausnahmefällen zu erwarten. Die Teststäbchen (Merkkoquant 10020 Nitrattest und Merckoquant 10024 Ammoniumtest) können über Drogerien und Apotheken bezogen werden.
Auch der Kalkgehalt des Bodens läßt sich auf einfachste Weise abschätzen. Wir verwenden dazu die Deckel von Einmachgläsern und 10%ige Salzsäure (1 Teil konzentrierte Salzsäure und 3 Teile destilliertes Wasser, in Drogerien erhältlich). Etwas von der zu untersuchenden Bodenprobe wird in den Deckel gegeben und mit etwas Salzsäure übergossen. Je heftiger der Kalk in der Bodenprobe mit der Salzsäure reagiert, was sich durch ein Aufbrausen manifestiert, um so höher ist der Kalkgehalt, wie die folgende Tabelle zeigt:

Reaktion der Bodenprobe	Kalkgehalt (in %)
kein Aufbrausen	weniger als 1% (kalkarm bis kalkfrei)
schwaches Aufbrausen, nicht anhaltend	1 bis 3% (geringer Kalkgehalt)
deutliches, kurzes Aufbrausen	3 bis 5% (mäßiger Kalkgehalt)
starkes, länger anhaltendes Aufbrausen	mehr als 5% (hoher Kalkgehalt)

pH-Wert und Kalkgehalt sind sowohl für die Bodenstruktur als auch für die Ertragsleistung als bestimmende Größen zu bewerten.
Man unterscheidet zwischen mildem und saurem Humus. Komposterde beispielsweise ist reich an mildem Humus oder Dauerhumus. In dieser Humusart können Nährstoffe gut gehalten werden. Wichtig bei der Bildung von mildem Humus sind ein genügender Luftzutritt und Kalkgehalt. Daher liegen hier die pH-Werte höher als 6. In nassen, sauren Böden mit Sauerstoffmangel und hohen Gehalten an Nährsalzen entsteht saurer Humus.
Um die *Humusart* zu bestimmen, versetzt

Oben: *Kalkbrennerei in den Wäldern Ungarns – wie vor 2000 Jahren. Der gewonnene Kalk wird für Bau-, aber auch für landwirtschaftliche Zwecke verwendet.*
Unten links: *Eine Zierlupine. Auch sie sammelt als Leguminosenpflanze über die Knöllchen an ihrem Wurzelwerk kostenlos für uns den Luftstickstoff und bereichert so den Boden.*
Unten rechts: *Ein Lavendelbusch. Nicht nur, daß die Blüten duften, der Busch Ameisen und Schnekken abwehrt – er verbessert zugleich alle Pflanzenjauchen und macht sie wirksamer gegen Schädlinge.*

man ein kleines Glas mit ca. 1 cm^3 Bodenprobe und 20 cm^3 2%iger Ammoniaklösung oder 0,5%iger Natronlauge, schüttelt das Glas kräftig ohne zu spritzen, läßt es während einiger Minuten stehen. Nach Filtration durch einen Kaffeefilter beurteilt man anhand der Farbe des Filtrates die Humusart. Ein wasserhelles Filtrat entsteht nur bei einem milden Humus, während eine dunkle Färbung auf sauren Humus hinweist. Eine hellgelbe Farbe läßt auf eine Mischform schließen.

Bei der milden Humusform (Mull) erfolgt nicht nur eine starke Bildung von Humusstoffen, sondern auch eine schnelle Mineralisierung. Dieser Humus hat bereits den Verdauungstrakt von Bodenbewohnern, z. B. Regenwürmern, passiert. Daher finden wir im Mull als hochwertige Humusform die sog. ›Ton-Humus-Komplexe‹. Die stark saure Humusform oder der Rohhumus hingegen ist biologisch wenig aktiv.

Humusgehalte des Bodens können nach der *Farbe* geschätzt werden. Hellgraue lehmige Böden sind humusarm (weniger als 1%), während dunkelgraue Böden höhere Humusgehalte (2–4%) ausweisen. Schwarzgraue bis schwarze Böden sind sehr humusreich (4–8%).

Biologische Methoden

Eine bedeutende Methode zur Beurteilung der bodenbiologischen Aktivität ist die Untersuchung des Zelluloseabbaues.

Biologisch bewirtschaftete Böden weisen meist höhere Umsetzungsaktivitäten auf als konventionell bewirtschaftete. Ein hoher Mineralstoffmangel kann allerdings die bodenbiologische Aktivität hemmen, denn Mikroorganismen stellen an die Nährstoffversorgung ähnliche Ansprüche wie die höheren Pflanzen. So beeinträchtigt beispielsweise *Kaliummangel* die Umsetzung von Zellulose beträchtlich. Die positiven Wirkungen des biologischen Anbaues durch eine gute organische Düngung, eine vielseitige Fruchtfolge und eine minimale Verwendung von Pflanzenschutzmitteln auf die Umsetzungen im Boden, könnten durch Kalium- oder anderen Mineralstoffmangel in Frage gestellt werden.

Die Abbaugeschwindigkeit von Zellulose kann an verschiedenen Standorten im Garten mit eingegrabener, nicht synthetischer Watte getestet werden. 100 g ganz trockene Watte wird in Nylonbeutel oder 25 × 5 cm große Perlongazebeutel von ca. 0,5 bis 1 mm Maschenweite eingenäht; beides wird mit einer möglichst präzisen Waage gewogen und in den Boden eingegraben. Die Teststelle wird z. B. mit einem Holzstäbchen markiert. Nach 1 bis 3 Monaten kann, nach Trocknen der Watte, die Gewichtsabnahme, verursacht durch die Zellulosezersetzung, bestimmt werden. Vor dem Wiegen müssen Erdkrümel vorsichtig entfernt werden. Je höher die Gewichtsabnahme der Zellulose, um so besser ist die Kali- bzw. Mineralstoffversorgung an der betreffenden Bodenstelle.

Auch die *Nitratbildung* im Boden aus Ammonium (Nitrifikation) kann auf einfache Weise untersucht werden. In ein Glas (ca. 250 cm^3) bringt man 1 Kaffeelöffel Gartenerde und 100 cm^3 Wasser. Nach längerem Umschwenken läßt man die Bodenteilchen absetzen. Die überstehende Flüssigkeit überprüfen wir mit einem Merckoquant-Teststäbchen auf Nitrat. Bei auftretender Färbung enthält die Bodenprobe Nitrate. Durch mehrmaliges Schütteln und Abfiltrieren der Erde entfernen wir die Nitrate so lange, bis der Nitrattest nicht

---

Oben: *Große Häckselmaschine der Stadtgärtnerei Baden-Baden bei der Arbeit.*
Unten: *Das gehäckselte Material wird zu großen Mieten aufgesetzt, die sorgfältig mit Stroh abgedeckt werden. Ein Bild der Kompostanlage der Stadtgärtnerei Baden-Baden.*

mehr positiv ausfällt. Danach übergießen wir die von den auswaschbaren Nitraten befreite Bodenprobe mit 50 cm^3 einer 0,2%igen Ammoniumsulfatlösung (in Drogerien erhältlich). Durch Zusetzen einer Messerspitze Schlämmkreide bewirken wir eine Abpufferung der entstehenden Säuren. Mit einem Wattebausch verschließen wir das Glas und stellen es bei einer Temperatur um 20° bis 25° C beiseite. Nach 1 bis 2 Wochen kann mit Hilfe des Teststreifens die Menge des *durch Mikroorganismen* gebildeten Nitrates ermittelt werden. Fällt der Nachweis negativ aus, so verlängert man die Versuchsdauer, oder man kann versuchen, den Versuch mit einer größeren Menge Erde anzusetzen. Die Nitrifikation ist ein natürlicher Vorgang im Boden, und Nitrat stellt für die meisten Pflanzen die wichtigste Stickstoff-Quelle dar. Wenn Sie also mit Hilfe dieses Nitrifikations-Tests in Ihrem Boden Nitrat nachweisen können, ist die Tätigkeit der Organismen in Ihrem Boden in bezug auf die Nitrifikation als gut zu beurteilen.

Die Aktivität von *Wurzelknöllchenbakterien,* welche bei Hülsenfrüchten oder Leguminosen wie Lupinen, Sojabohnen, Erbsen, Bohnen, Wicken und einigen Kleearten eine mit einer Stickstoff-Fixierung verbundene Symbiose eingehen, können wir ebenfalls nachprüfen. Bei der Gründüngung wird die Fähigkeit dieser Bakterien, Luftstickstoff zu sammeln, ausgenutzt. Die an den Wurzeln erkennbaren knöllchenförmigen Verdickungen sind zur Blütezeit am besten ausgebildet. Je nach Pflanzenart haben die Knöllchen eine charakteristische Gestalt. Schneidet man sie mit einer Rasierklinge auf, so kann man aufgrund der Färbung des Knöllcheninnern den Aktivitätszustand beurteilen. *Inaktive Knöllchen sind hellgrün gefärbt, schwach aktive braun und aktive Knöllchen rosa.* Diese Färbung wird durch einen Farbstoff, das sog. Leguminosen-Hämoglobin, hervorgerufen. Diese dem roten Blutfarbstoff chemisch ähnliche Verbindung sichert die Sauerstoffversorgung der Bakterien und hält gleichzeitig den Sauerstoffdruck im Gewebe auf einem niedrigen Niveau, weil sonst das stickstoffbindende System nicht arbeiten kann.

Da *Regenwürmer* eine starke Abhängigkeit von der chemischen Reaktion des Bodens zeigen, können wir auch sie als Bioindikatoren zur Beurteilung der Bodenqualität heranziehen. Während beispielsweise der 5 bis 7 cm lange grünliche oder besser schmutzfarbene Regenwurm (*Allolobophora chlorotica*) zu saure aber auch zu kalkhaltige Böden meidet, können *Octolasium-Arten,* wie z. B. der 6 bis 18 cm lange blaugraue Regenwurm (*Octolasium cyaneum*) als Indikatoren für kalkhaltige Böden angesehen werden. Einige Regenwurmarten hingegen sind ausgesprochen säureliebend, wie z. B. der kleine rote Laubregenwurm (*Dendrobaena urbida*). Der gewöhnliche Regenwurm (*Lumbricus terrestris*) hingegen gehört zu den pH-indifferenten Arten, die sich in einem großen pH-Bereich, z. B. pH 4–7,5, noch ›wohl fühlen‹. Die pH-Verträglichkeit der Regenwürmer hängt ab vom Ausbildungsgrad ihrer Kalkdrüsen, welche insbesondere bei den *Octolasium*-Arten eher gering ist."

Und noch eine dritte Möglichkeit haben wir: die *Bodenbeurteilung durch Wildpflanzen,* die wir fälschlicherweise auch Unkräuter nennen.

Sicher ist es jedem aufmerksamen Beobachter nicht entgangen, daß bestimmte Unkrautpflanzen in seinem Garten, aber auch in der Natur an einigen Stellen sehr stark auftreten, an anderen Plätzen dagegen überhaupt nicht vorhanden sind. Die Erklärung ist recht einfach. Auch Unkräu-

Ackergauchheil
(Anagallis arvensis)

Echte Kamille
(Matricaria chamomilla)

Wiesenklee
(Trifolium pratense)

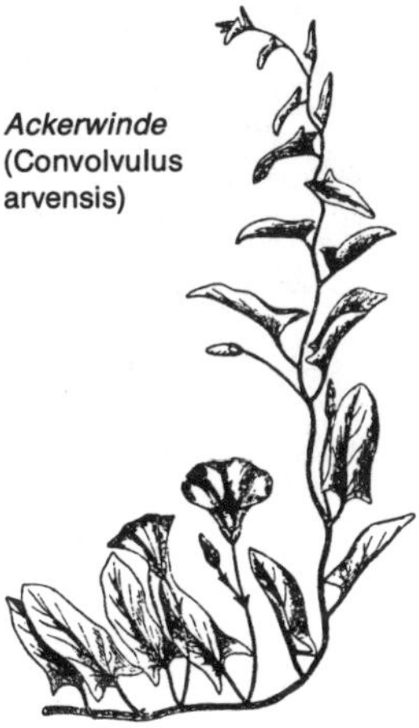

Ackerwinde
(Convolvulus arvensis)

Erdrauch
(Fumaria officinalis)

Guter Heinrich
(Chenopodium bonus henricus)

Kleine Brennessel
(Urtica urens)

Ehrenpreis
(Veronica officinalis)

Sternmiere
(Stellaria media)

Gänsefingerkraut
(Potentilla anserina)

Hederich
(Raphanus sativus)

Wilde Reseda
(Reseda lutea)

Garten-Wolfsmilch
(Euphorbia peplus)

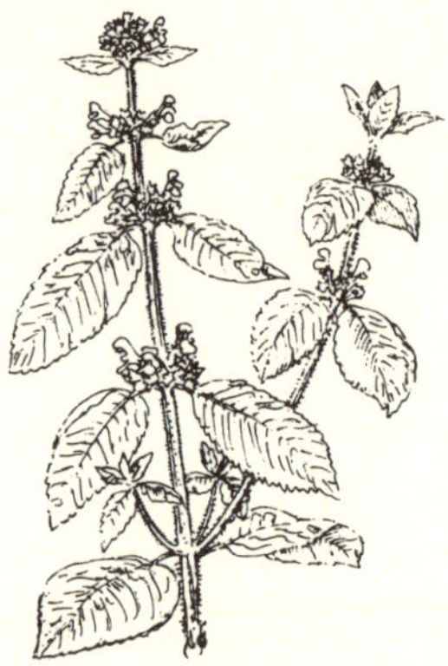

Hohlzahn
(Galeopsis segetum
Necker)

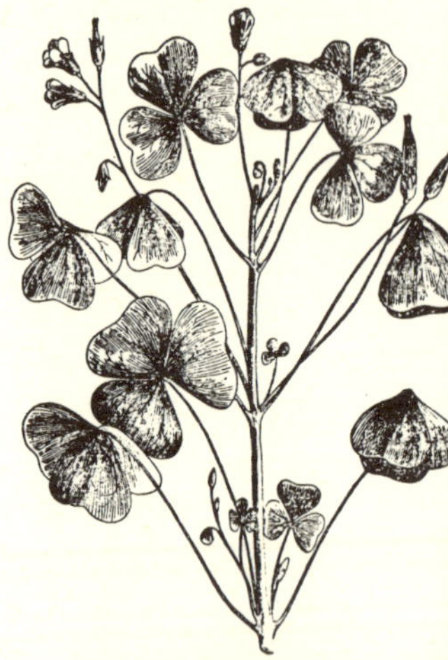

Aufrechter Sauerklee
(Oxalis stricta)

Taubnessel
(Lamium album)

Hahnenfuß
(Ranunculus acer)

Zaunwinde
(Convolvulus sepium)

ter sind Lebewesen und bevorzugen Plätze mit einem ganz bestimmten Nahrungsangebot, das ihnen die bestmöglichen Lebenschancen sichert. Spezifische Unkräuter zeigen also zumindest grob an, ob ein Boden gut mit Stickstoff versorgt ist, ob er humos, sehr kalkreich, sauer ist usw. Es sind also *biologische Faktoren,* die wir aufgrund eines *massierten Unkrautwachstums* an einem bestimmten Platz bestimmen können. Eine Aussage über genaue Nährstoffgehalte ist nicht zu erwarten. Trotzdem: Auch diese Möglichkeit sagt einem guten Beobachter vieles über den Bodenzustand aus und weist zumindest darauf hin, ob Mangelerscheinungen vorhanden sind.

Aus dem gleichen Artikel von Dr. Dicht entnehmen wir zu diesem Thema:

„Als wichtige Bodenanzeiger sind diejenigen Wildpflanzen in unserem Garten zu bewerten, welche im leider noch gängigen Sprachgebrauch als sog. *Unkräuter* bezeichnet werden. Diese Pflanzen sind oft ausgesprochene Pionierpflanzen. Faktoren wie Bodenstruktur, Bodenart, Nährstoffgehalt, Wassergehalt, pH-Wert, Humusgehalt und Kalkgehalt bestimmen, ob diese Wildkräuter gedeihen. Unter den ihm entsprechenden günstigen Bedingungen vermag sich ein ›Unkraut‹ durchzusetzen und uns gewisse Anhaltspunkte über den Zustand des Gartenbodens zu geben. In der folgenden Zusammenstellung über einige standortanzeigende Wildpflanzen im Garten werden die Beurteilungskriterien durch Zahlen wiedergegeben:

1 = allgemein schlechte Bodenstruktur und Bodenverdichtung
2 = allgemein gute Bodenstruktur
3 = tiefgründiger Boden
4 = nährstoffreicher Boden
5 = magerer Boden
6 = humusreicher Boden (Mull)
7 = durchschnittlich hohe Bodenfeuchtigkeit
8 = allgemein trockener Boden
9 = kalkarmer Sandboden
10 = lehmiger bis toniger Boden oder sandiger Lehm
11 = stickstoffreicher Boden
12 = kalkreicher Boden
13 = Bodenversauerung
14 = gute Bodengare mit starker Nitrifikation
15 = schlechte Bodengare

Pflanze	*Zeigerpflanze für*
Ackergauchheil *(Anagallis arvensis)*	2, 4, 10
Ackerkratzdistel *(Cirsium arvense)*	3, 10, 11, 15
Ackerwinde *(Convolvulus arvensis)*	3, 4, 10, 12
Ackerhundskamille *(Anthemis arvensis)*	5, 10, 13
Ampferknöterich *(Polygonum lapathifolium)*	4, 7, 10 evtl. 15
Brennessel, kleine *(Urtica urens)*	3, 4, 7, 11, 14
Echte Kamille *(Matricaria chamomilla)*	10
Erdrauch *(Fumaria officinalis)*	4, 10
Feldehrenpreis *(Veronica arvensis)*	4, 10
Feld- oder Gelbklee *(Trifolium campestre)*	5, 12
Guter Heinrich *(Chenopodium bonus-henricus)*	10, 11
Gänsefuß, vielsamiger *(Chenopodium polyspermum)*	3, 7, 11
Grassternmiere *(Stellaria graminea)*	5, 8, 10
Gänsefingerkraut *(Potentilla anserina)*	1
Gartenwolfsmilch *(Euphorbia pelus)*	4, 9, 10, 14
Goldnessel *(Lamium galeobdolon)*	10, 11
Hederich *(Raphanus raphanistrum)*	13
Hohlzahn, gewöhnlicher *(Galeopsis tetrahit)*	6, 11
Hahnenfuß, kriechender *(Ranunculus repens)*	1, 4, 7, 10
Klebkraut *(Galium aparine)*	4, 6, 10

Pflanze	*Zeigerpflanze für*
Löwenzahn *(Taraxacum officinale)*	2, 3, 4
Melde *(Atriplex patula)*	4, 10
Reseda, wilde *(Reseda lutea)*	8, 12
Sauerklee, aufrechter *(Oxalis stricta)*	4
Taubnessel, stengelumfassende *(Lamium aplexicaule)*	4, 9, 10, 11, 14
Vogelmiere, Hühnerdarm *(Stellaria media)*	4, 11, 14
Zaunwinde *(Convolvulus sepium)*	10

Das Vorkommen einzelner weniger Arten sagt wenig aus über den Bodenzustand. Der Beurteilung des Bodenzustandes und der Standortkennzeichnung sind stets das ganze vorhandene Unkrautgemisch zugrunde zu legen."

Aber auch über den *pH-Wert des Bodens* geben uns Zeigerpflanzen Aufklärung. Die nachfolgenden Pflanzen lieben einen mehr alkalischen, basischen Boden:

Ackersenf *(Sinapis arvensis)*
Ackersteinsamen *(Lithospermum arvense)*
Esparsette *(Onobrychis viciifolia)*
Stiefmütterchen *(Viola tricolor)*
Wiesensalbei *(Salvia pratensis)*
Zierliche Wolfsmilch *(Euphorbia exigua)*

Auf einem sauren Boden, also unter pH 7, findet man dagegen:

Ackerziest *(Stachys arvensis)*
Arzneiehrenpreis *(Veronica officinalis)*
Hederich *(Raphanus raphanistrum)*
Hohlzahn *(Galeopsis ochroleuca)*
Stechpalme *(Ilex aquifolium)*

Weitere Auskünfte zu diesem interessanten Thema geben uns Pflanzenbestimmungsbücher, soweit sie auch Angaben über den *Pflanzenstandort* vermitteln; auch größere Gartenbücher nehmen Stellung.

Noch einmal sei wiederholt: Nicht das vereinzelte Auftreten dieser Zeigerpflanzen, sondern nur ihr horstweises Wachsen auf einer größeren Fläche gibt Aufschluß über die Bodenverhältnisse an dieser Stelle.

Die letzte, aber auch wohl langwierigste Methode, seinen Boden kennenzulernen heißt: Beobachten, Erfahrung sammeln.

Wie lautet so schön das Sprichwort: „Die vornehmste Art, Kenntnisse zu erlangen, besteht im Nachdenken. Die billigste Art ist es, nachzuahmen, und am teuersten wird es, wenn man eigene Erfahrungen sammelt."

Die Pflanzen Ihres Gartens zeigen ja durch Wachstum, Blüte, Fruchtbildung, Blattfärbung usw., ob ihnen etwas und was ihnen fehlt. Auch hier gibt es einige recht verläßliche Hinweise.

Fehlt frohes, flottes Wachstum, ausreichende Triebbildung, macht die Pflanze einen insgesamt etwas welken, müden Eindruck, verfärben sich die Blätter schwach gelblich, so ist immer Stickstoffmangel angezeigt.

Ist die Blütenbildung kümmerlich, der Fruchtansatz gering, bleiben die Früchte klein, verfärben sich die Blätter rotbraun bis braun-violett, so ist Phosphormangel anzunehmen.

Leiden die Pflanzen im Winter unter Frost, sterben also viele Triebe ab, bleibt ihr Stammwachstum, die Stärke der Zweige gegenüber ähnlichen Pflanzen in Nachbargärten zurück, wachsen auch die Früchte nicht mehr richtig aus, verfärben sich besonders die Blattränder gelblich bis rot, werden die ganzen Blätter ab Sommermitte rot bis violett eingefärbt, so ist Kalimangel vorhanden.

Verfärben sich die Blätter zwischen den Rispen, bleiben diese grün, gelblich, so liegt Magnesiummangel vor. Werden sie dagegen gelb oder auch gelbgrün – einschließlich der Rispen, so fehlt Eisen.

Werden die Blattspitzen trocken und hän-

gen herab, rollen sich auch ganze Blätter zusammen und verfärben sich gelbgrün, so fehlt Kupfer im Boden.
Bleiben die Blätter klein, wirken sie deformiert, gibt es bei Äpfeln braune Stippeflecken, liegt Bormangel vor.
Bekommen neue Blätter beiderseits der Mittelrippe weißliche Flecken, so ist auf Zinkmangel zu schließen. Sehen dagegen die Blätter gänzlich wie gesprenkelt aus, ja, bekommen an diesen Stellen sogar ganze Löcher durch das Blatt hindurch, so fehlt Mangan.
Alle diese Erscheinungen treten natürlich erst auf, wenn der Schaden schon eingetreten ist. Man kann in der laufenden Vegetationsperiode versuchen, durch Spritzungen mit den entsprechenden Elementen in wasserlöslicher, pflanzenaufnehmbarer Form, dem Mangel abzuhelfen. Entsprechende Präparate gibt es in den Samenhandlungen und Gartenbedarfsgeschäften. Dies ist jedoch nur ein oberflächliches Kurieren, eine wirkliche Abhilfe kann nur durch eine Versorgung des Bodens mit dem betreffenden Mineral geschehen.
Hier sei jedoch auf eine Besonderheit hingewiesen, die eine entsprechende Regulierung erschwert. Eine Bodenuntersuchung kann beispielsweise einen ausreichenden Anteil an Magnesium ausweisen, trotzdem zeigt uns die Pflanze durch die erwähnten Verfärbungen ihrer Blätter einen Magnesiummangel an. Das bedeutet, daß wohl ein ausreichender Magnesiumbestand im Boden vorhanden ist, dieser Nährstoff jedoch chemisch so festgelegt ist, daß die Pflanzenwurzeln ihn nicht aufnehmen können. In diesem Fall wird eine überreichliche Kalidüngung die Ursache hierfür gewesen sein. Ähnlich ergeht es, wenn wir zu reichlich löslichen Stickstoff düngen, dann wird Kupfer festgelegt. Phosphorverbindungen werden umgewandelt, wenn die Böden zu stark sauer oder hoch alkalisch sind; die Pflanze kann dann diesen Nährstoff nicht mehr aufnehmen. Alle diese Erscheinungen sind weniger natürlicher Art, sie sind vorzugsweise entstanden durch überreichliche Kunstdüngergaben, das heißt eine Überversorgung des Bodens mit dem einen oder anderen Stoff und der nun nachfolgenden Reaktion.
Bei einem organisch gedüngten Boden sind diese Festlegungen kaum zu befürchten bzw. werden nach einer Umstellung auf organische Düngung langsam wieder verschwinden. Ein zusätzlicher Grund also, organisch zu düngen!
Auf eine Eigenart *aller Untersuchungsmethoden* sei hingewiesen. In Kapitel 4 (Seite 51) über den Stickstoffkreislauf wurde bereits etwas darüber ausgesagt, nämlich die *jahreszeitlich verschieden hohen Stickstoffanteile* im Boden. Wird also für diesen Nährstoff eine Analyse angefertigt oder untersucht man seinen Mengenanteil selber, so sagt *eine* Bestimmung gar nichts aus. Es müssen im jahreszeitlichen Ablauf mindestens drei Untersuchungen gemacht werden; und zwar eine in der Zeit von Oktober bis März – sie zeigt immer niedrige Stickstoffwerte an –, eine Mai/Juni und eine August/September.
So merkwürdig das klingen mag, für die Stickstoffversorgung des ganzen Jahres im Boden sind die Zeigerpflanzen eigentlich am zuverlässigsten in der Aussage! Wachsen in den Beeten plötzlich Taubnesseln, Brennesseln, Vogelmiere, aber auch einige andere der weiter oben genannten Stickstoff-Zeigerpflanzen, so wissen wir mit Sicherheit, daß auf diesem Platz keine Stickstoffdüngung mehr notwendig ist, und wir brauchen uns um dessen Zudüngung keine Gedanken zu machen.
Es darf an dieser Stelle erneut erwähnt werden, daß durch die in diesem Buch empfohlene Bodenversorgung mit Kompost die Frage der Stickstoffdüngung, die

im konventionellen Landbau eine fast zentrale Bedeutung besitzt, keinen hohen Stellenwert mehr einnimmt. Guter Kompost ist *die* Stickstoffquelle überhaupt. Lediglich bei Sonderkomposten aus sehr holzhaltigem Material, Zeitungen usw., muß mit einem Stickstoffdefizit gerechnet werden. Sonst aber ist durch den ganz anderen Bodenaufbau, die von Jahr zu Jahr stärker werdende Humusschicht, das reiche Bodenleben und die jährliche Zufuhr von neuem Kompost mit einem Stickstoffmangel nicht zu rechnen.

Auch lebens- und nährstoffarme Sandböden werden innerhalb weniger Jahre durch die empfohlene Kompostwirtschaft so umgestellt, daß sie reiche Frucht tragen. Ähnliches gilt für verhärtete Tonböden, die üblicherweise sonst nur eine Grasnarbe tragen. Auch sie können in ein, zwei Jahren zu höchster Fruchtbarkeit gebracht werden.

6.1 Das Bodenleben

Immer wieder heißt es in diesem Buch wie auch in anderen Gartenfachbüchern: „Das Bodenleben.“ Da diesem Sammelbegriff bei der organischen Düngung eine zentrale Bedeutung zukommt – ohne ein Bodenleben gäbe es ja keinen Aufschluß und keine Wiederverwendung der abgestorbenen organischen Substanzen, gäbe es keinen Kreislauf der Stoffe – seien hier einige Ausführungen gemacht. Dem weiter interessierten Leser sei die wieder erschienene Schrift von *Raoul H. Francé* „Das Leben im Boden“ – siehe Literaturverzeichnis – empfohlen, die vor mehr als 50 Jahren erschienen, aber heute noch genauso aktuell ist wie seinerzeit.

Unter dem Bodenleben verstehen wir den Zusammenschluß *aller Lebensformen* im Boden, die in irgendeiner Weise daran beteiligt sind, abgestorbene organische Substanz für ihr eigenes Leben zu verwerten, sie dabei umzuwandeln und mit diesen Umwandlungsstoffen, Ausscheidungsprodukten, aber auch mit ihren eigenen abgestorbenen Körpern, eine Wiederverwertung dieser Materialien zu ermöglichen, zugunsten neuer Fruchtbarkeit, neuen Lebens.

Das Bodenleben besteht aus folgenden Organismengruppen:

Algen Wir kennen sie durch winzige grüne Farbketten, einem grünen Belag, der sich vornehmlich auf den Holzteilen im Humus bildet. Das Wort kommt vom lateinischen *Alga* = Seetang, einer Pflanzengruppe mit mehr als 25 000 verschiedenen, vielgestaltigen Arten – von Einzellern über langfädige Formen bis hin zu riesengroßen Tanggebilden. Algen sind meistens chlorophyllhaltig, sie sind autotroph, das heißt, sie können sich von anorganischen Stoffen ernähren. Die meisten

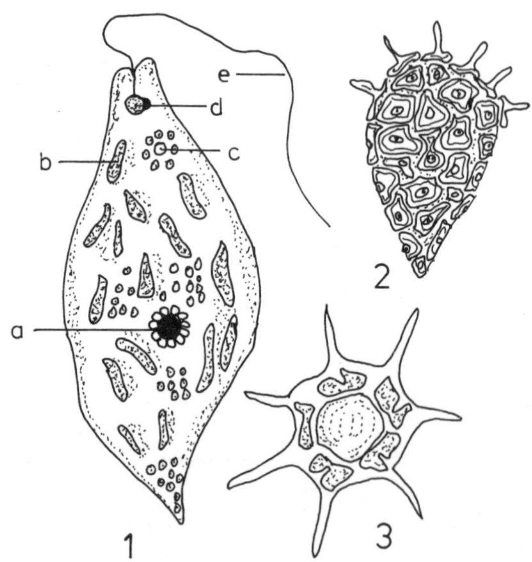

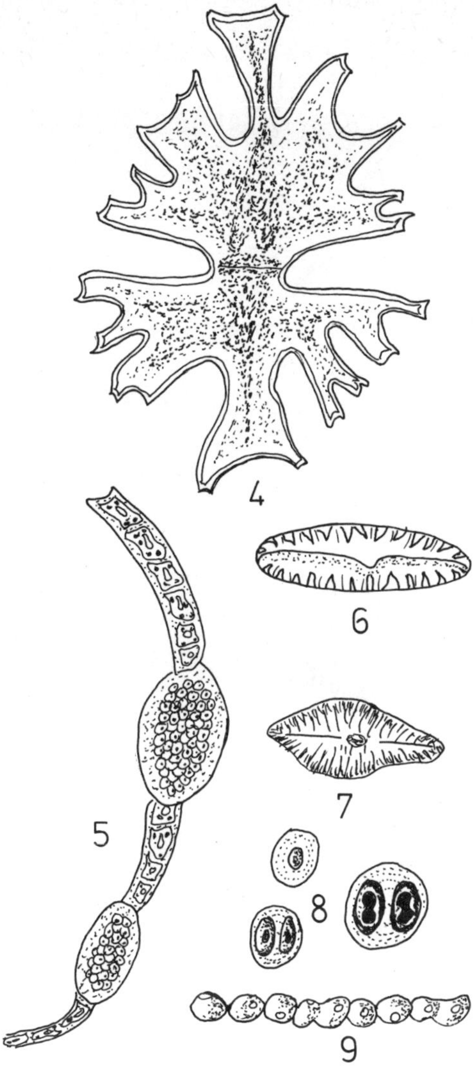

Einige Algenarten – *ca. 150fach vergrößert.*
1 = Blaualge (Euglena viridis) – *a) Proteinkörper; b) = Farbträger; c) = pulsierende Vakuole; d) Augenfleck; e) = Geißel.*
2 = Skelett einer Kalkalge
3 = Skelett einer Kieselalge.
4 = Grünalge, Euastrum crux melitenses, *zu den Jochalgen gehörende Gruppe der* Desmidiaceen.
5 = Fadenalge, Oedogonium, *bildet lange Fadenreihen.*
6 = Kieselalgen, Eunotia sp.
7 = Kieselalgen, Navicula borearis *Ehr.*
8 = Blaualge, Gleocapsa, *während der Zellteilung.*
9 = Spaltalge, Isocystis infusorium, *ca. 500fach vergrößert.*

Algenarten sind zwar Wasserbewohner, viele Arten haben sich aber auch an das Leben auf dem Land angepaßt. Sie besiedeln Felsen, Baumrinden, den Boden. Ihre Vermehrung erfolgt durch Zellteilung. Für das Bodenleben besonders wichtig sind die einzelligen, das heißt also die kleinsten Algenformen, da bestimmte Arten Stickstoff binden können.
Um eine Algenansiedlung im Kompost zu ermöglichen, braucht dieser unbedingt einen gewissen Feuchtigkeitsgehalt.

Pilze Lateinisch *Fungi.* Es sind meist chlorophyllfreie, kleinste Thalluspflanzen; wir kennen aber auch hohe Entwicklungsformen, etwa unsere Speisepilze. Die einfachsten Pilzformen dagegen – und gerade sie interessieren uns im Kompost – bestehen aus nackten Protoplasmamassen, die sich zeitweise mit einer Zellmembran umgeben. Sie stehen in ihren Lebensformen den Urtierchen sehr nahe. Die meisten Pilze bilden Zellfäden (Hyphen), die sich zu ganzen Verbänden, den „Myzelien", zusammenschließen.
Pilze ernähren sich ausschließlich von abgestorbenen organischen Substanzen, also toten Pflanzen, die sie mit Hilfe von Enzymen aufschließen können.
Der Artenreichtum der Pilze ist unglaublich, man schätzt rund 100 000 Arten der mikroskopisch kleinen, niederen Pilze, und, in Europa, etwa 2500 Arten der größeren Pilze bis hin zu den Nutzpilzen.
Im Kompost interessieren uns nur die niederen Arten. Sie bereiten das Kompostmaterial für die nachfolgende Bakterienbesiedlung vor. Ohne Pilze also keine richtige Kompostierung. Jedes Kompostmaterial benötigt gewissermaßen eine Pilzphase, damit es anschließend von Bakterien und Kleinstlebewesen „verdaut" werden kann.
Nur dann, wenn wir dem Rottematerial

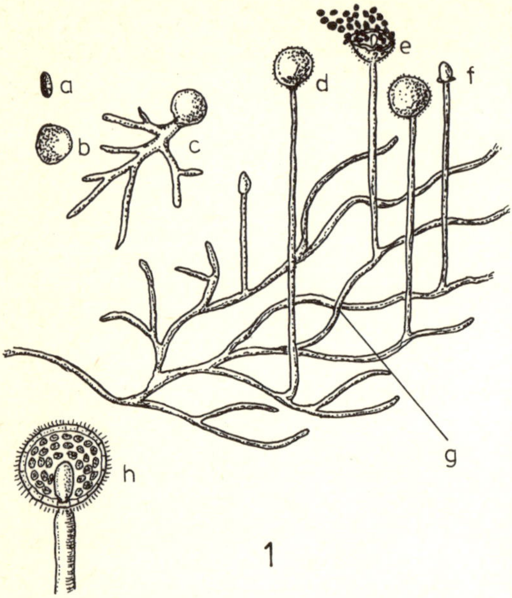

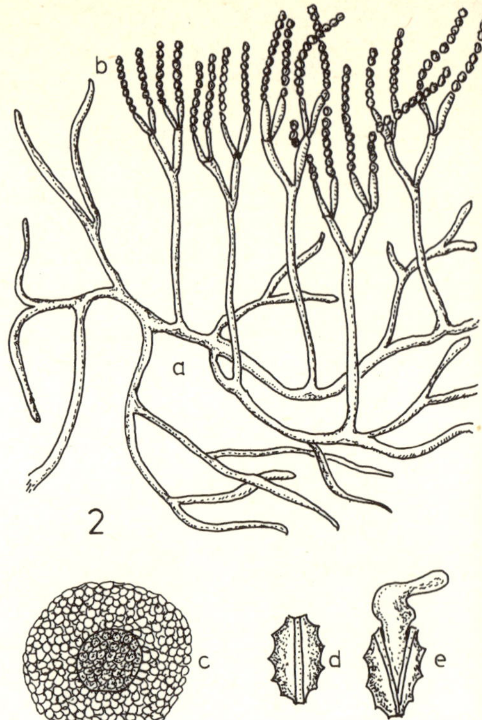

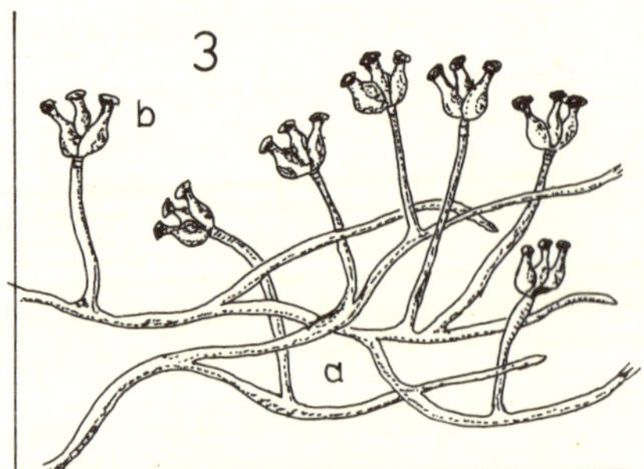

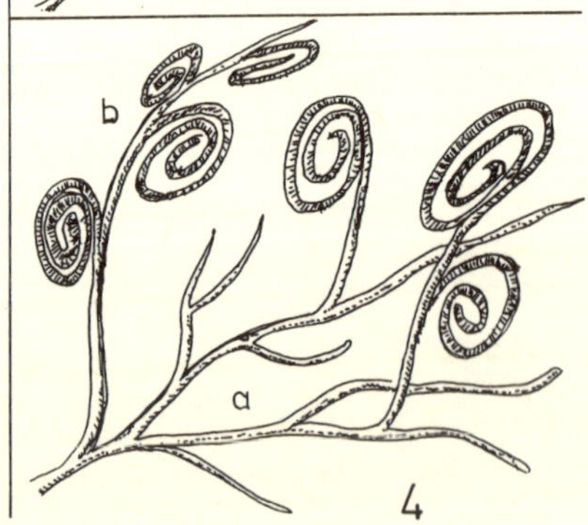

Einige typische Pilze des Komposthaufens

1 = Kopfschimmel (Mucor mucedo)
a) = Spore im Ruhezustand; b) = Spore im Reifezustand; c = Keimende Spore; d) = Sporenbehälter, aus dem Mycel herauswachsend; e) = Sporenbehälter, geöffnet, mit herausfliegenden Sporen; f) = Ständer des abgefallenen Sporenbehälters; g) = Mycel; h) = Schnitt durch Sporenbehälter.

2 = Pinselschimmel (Penicillium glaucum)
a) = Mycel mit Konidienträgern; b) = Konidienträger; c) = Schnitt durch einen Fruchtkörper mit Sporen; d) = Spore; e) = Keimende Spore.

3 = Insektenleichen verzehrende Cordicepilze
a) = Mycel mit Konidienträgern; b) = Fruchtstände;

4 = Schimmelpilz Aeliomyces
a) = Mycel mit Konidienträgern; b) spiralförmig aufgerollte Fruchtständer.

Kompostbakterien zugeben und durch stickstoffreiche Startnahrung für deren explosionsartige Vermehrung sorgen, kann es uns gelingen, die Pilzphase zu überspringen und direkt in die Bakterienrotte hineinzukommen. Das kürzt den Rottevorgang ab, womit aber keinesfalls gesagt sein soll, diese verkürzte Rotte sei unbedingt positiv. Man spart nur Zeit. Den natürlichen, langsamen Rotteverlauf, einschließlich der vorausgehenden Pilzphase, hält der Verfasser für sinnvoller, lebensnäher.

Aktinomyzeten Man nennt sie auch Streptomyzeten = Strahlenpilze. Es ist eine Lebensform, die zwischen Pilz und Bakterie steht. Es sind Einzeller, die myzelartiges Gewebe bilden, das weiß, rot aber auch gelb und orangefarben aussehen kann. Sie haben Berühmtheit erlangt durch Medikamente wie Penicillin, die aus ihnen gewonnen werden. Sie bauen viele der schwer zersetzbaren Naturstoffe ab, z. B. Zellulose, Kohlenwasserstoffe, Chitin usw. Sie sind also typische Vertreter der Bakterienflora des Erdbodens, wobei gerade sie verantwortlich sind für den charakteristischen Geruch nach frischer Walderde.
Aktinomyzeten können, ähnlich den echten Knöllchenbakterien, an holzigen Wurzeln, so z. B. an Erle, Weide und Sanddorn, Knollen bilden, in denen der Luftstickstoff durch die Bakterientätigkeit gebunden und eingelagert wird.
Sie erfüllen damit eine gleiche Funktion wie die *Rhicobiaceae* aus der Ordnung der *Eubacteriales,* also den echten Knöllchenbakterien, die sich auf die Leguminosen spezialisiert haben. (Erbsen, Bohnen, Wicken, Klee, Lupine usw.)
Somit gehören also auch die Aktinomyzeten, die Strahlenpilze, zu den stickstoffsammelnden Bakterien. Andererseits sind aber die anaerob lebenden Bakterien dieser Ordnung für Warmblütler sehr oft krankheitserregend.

Bakterien Der Name kommt aus dem griechischen und heißt „Stock", „Stäbchen". Es handelt sich um eine unvorstellbar artenreiche Gruppe kleinster, pflanzlicher, einzelliger Lebewesen, die für Stoffwechselvorgänge (Bodenbildung, Gärung, Fäulnis, aber auch Krankheit), überragende Bedeutung besitzen. Sie vermehren sich durch Teilung. Die Lebensdauer eines Bakteriums beträgt durchschnittlich eine halbe Stunde; man kann sich daher leicht ausrechnen, zu welch ungeheurer Vermehrungsmenge in kurzer Zeit eine Bakterie fähig ist. Ihre Größe beträgt meist nur ein tausendstel Millimeter, ihre Form ist kugelförmig, stäbchenförmig, spiralförmig, sie schließen sich zu großen „Bakterienrasen" zusammen. Manche Bakterienarten können sich sogar mit Hilfe von Geißelfäden mit einer Geschwindigkeit bis zu 0,2 mm pro Sekunde selbst fortbewegen.
Ohne Bakterien gäbe es kein sich erneuerndes Leben auf dieser Erde! Sie sind im wesentlichen dafür verantwortlich, daß totes organisches Material zersetzt und neuem Leben zugänglich gemacht wird. Sie befinden sich überall – im Boden, im Wasser und in der Luft. Man findet sie an den Erdpolen genauso wie am Äquator, sie leben auch *in* den Tieren, z. B. als Bakterienflora des Darmes. In ihrer Gesamtheit sind sie in jedem Fall mehr ein Freund des Lebens dieser Erde als ein Feind.
Im Erdboden werden organische Stoffe durch ihre Stoffwechseltätigkeit mineralisiert, d. h. zu anorganischen Verbindungen abgebaut; somit stehen sie den Pflanzen als Nährstoffe wieder zur Verfügung. Dabei wird unter anderem organisch gebundener Kohlenstoff in Kohlendioxid, Stickstoff zu Ammoniak und Nitrat, Schwefel

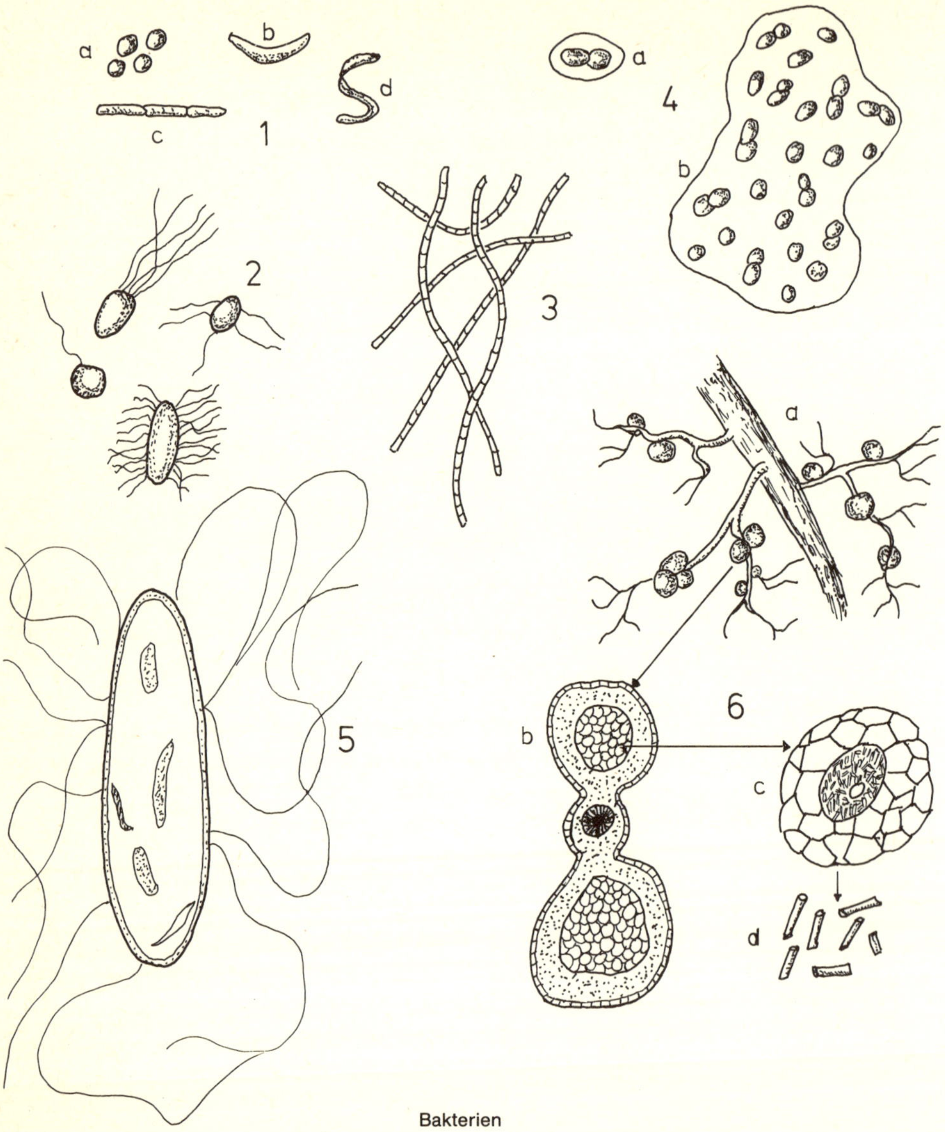

Bakterien

1 = Verschiedene Bakterienformen – a) = Kokken; b) = Vibrio; c) = Stäbchen; d) = Spirillum.
2 = Geißeltragende Bakterien u. a. Pseudomonadales für Eiweißabbau, Nitrifikation.
3 = Zellreihen von Stäbchenbakterien.
4 = Azotobakterbakterien – a) zwei junge Bakterien in einer Schleimhülle; b) Kleiner Bakterienverband in einer gemeinsamen Schleimhülle, die für ihre Tätigkeit unerläßlich ist.
5 = Bazillus mit Geißeln und inneliegenden Chromosomenkapseln. Vergr. 1:20 000.
6 = Knöllchenbakterien – a) = Wurzelstück mit Knöllchen; b) = Querschnitt durch ein Knöllchen, eine Wurzel umschließend; c) = Gewebestück, mit einer mit Bakterien gefüllten Zelle; d) = Knöllchenbakterien.

zu Sulfat verarbeitet; ebenso wird aber auch der Stickstoff der Luft gebunden und hilft nun beim Aufbau neuer Eiweißstoffe. Bakterien sammeln bzw. verarbeiten aber den Stickstoff nicht nur, es gibt auch Arten, die Stickstoffverbindungen „denitrifizieren", d. h. abbauen, um den Stoff für ihr eigenes Leben zu gebrauchen. All dies gehört zu dem Stichwort „Stickstoffkreislauf", dem ständigen Wechsel dieses Lebensmotors durch verschiedene Aggregatzustände hindurch.

Einzeller Hierunter verstehen wir verschiedenste Arten von Kleinstlebewesen wie Wimpertierchen, Wurzeltierchen, Geißeltierchen usw.; man faßt sie auch unter dem Begriff „Urtierchen" zusammen.

Gliedertiere Es sind alle Insekten, einschließlich ihrer Larven und Puppen, wie auch die Spinnentiere. Im Kompost sehen wir Springschwänze, Tausendfüßler, Asseln, Milben und kleinste Spinnen. Sie wandeln organisches Material durch ihre Lebenstätigkeit, ihre Freßgewohnheiten um, leben wiederum von Pilzen und Bakterien. Ein gutes Vergrößerungsglas zeigt uns beim Öffnen eines Komposthaufens viele ihrer Lebensformen.

Würmer Hierunter werden Nematoden, Strudelwürmer, Enchyträen usw. verstanden. Auch sie bezeichnet man noch als Kleinstlebewesen, obgleich sie bereits mit bloßem Auge wahrgenommen werden können.

Regenwürmer Neben den Bakterien die für die organische Wirtschaftsweise wichtigste, unentbehrliche Tierart. Unzählig sind die Geschichten über die Bedeutung der Regenwürmer. Hier sei noch einmal auf die außerordentliche Bedeutung ihres Kotes hingewiesen, der bereits mit der Tabelle auf Seite 34 erläutert wurde.
Ebenso nützlich ist die „Bohrtätigkeit" des Regenwurmes im Erdboden. Seine Gänge reichen bis zu 3 m tief; er kleidet sie mit seinem Kot und Sekreten aus. In ihnen können Pflanzenwurzeln in die Tiefe gelangen; sie haben dabei gleichzeitig beste Nährstoffversorgung, da die Nährstoffe überwiegend wasserlöslich sind und direkt aufgenommen werden.
Durch sein Gangsystem belüftet der Regenwurm den Boden, in den Gängen sammelt sich nach Regenfällen Feuchtigkeit an und gelangt von dort aus in das umgebende Erdreich. Der Regenwurm ist so unser bester „Mitarbeiter"; seine Arbeit ist unbezahlbar! Man hat errechnet, daß auf einem Hektar normalem Ackerboden ca. 650 kg Regenwürmer vorhanden sind, wobei sich diese Zahl bei guter Gartenerde noch verdoppeln, ja verdreifachen kann. Bei diesen Regenwurmmengen geht innerhalb von fünf Jahren die gesamte Akkerkrume bis etwa 50 cm Tiefe einmal durch den Wurmdarm!
Hier wird sie aufgeschlossen, mit Darmsäften versetzt und aus einer Kalkdrüse mit löslichen Kalken versehen. Innerhalb eines Jahres erzeugen somit diese Regenwürmer je Hektar bis zu 15 Tonnen Exkremente, das heißt also, bis zu 15 Tonnen wertvollster Düngestoffe! Der größte Nachteil der anorganischen Düngemittel besteht darin, daß sie durch ihre Wasserlöslichkeit den Wurm vertreiben oder gar dezimieren. Dies gilt besonders für überhöhte Gaben löslicher Stickstoff- und Kaliverbindungen. Es dauert 1 bis 2 Jahre, ehe in einem mit Kali überdüngten Boden der Regenwurm wieder einwandert.
Zur organischen Düngung gehört daher stets die sorgfältige „Pflege" der Regenwürmer im Kompost und Boden. Wir vermeiden alles, was sie in ihren Lebensbedingungen stören könnte.
Graben wir aus unseren Beten mit jedem

Spatenstich 6 bis 8 Regenwürmer aus, so ist unser Boden gut, fruchtbar; um Zudüngung brauchen wir uns wenig zu sorgen, es genügt der jährliche Kompostauftrag.

Sind es aber nur 3 bis 5 Würmer, so müssen wir schon etwas tun; der Besatz ist nicht ganz ausreichend. Sind es dagegen 0 bis 1 Würmer, so ist der Boden arm, unterversorgt, und wir müssen mit allen in diesem Buch aufgezeigten Möglichkeiten der Kompostdüngung, der Zudüngung, des Fruchtwechsels und der Gründüngung für schnelle Bodenverbesserung sorgen.

Wir kennen den üblichen *Regenwurm (Lumbricus terrestris),* dessen Röhren viele Meter tief ins Erdreich eindringen. In der kühleren Jahreszeit zieht er sich bis in 2 m Tiefe zurück und steigt dann im Frühjahr wieder an die Oberfläche. Er ist äußerst lichtempfindlich. Schon wenige Minuten Sonneneinwirkung vermögen ihn zu töten. Dieser Wurm kann bis zu 4 Jahre alt, dabei in Extremfällen fast 30 cm lang werden.

Der nächstwichtige Wurm ist der *Laubwurm (Lumbricus rubellus),* der sich insbesondere in Wäldern, unter Hecken und Laubbäumen aufhält. Er besiedelt auch modernde Baumstümpfe.

Der Komposthaufen dagegen wird vom *Mistwurm (Eisenia foetida)* bevorzugt. Er ist kleiner als die vorgenannten Arten, läuft an den Enden spitz zu und ist rötlich gefärbt. Eine spezielle Rasse dieses Kompostwurmes ist der unter dem Namen „Tennessee Wiggler" aus Kanada eingeführte Wurm. Er vermehrt sich besonders rasch und setzt die organischen Stoffe intensiv um, vor allem auch Pappe, Papier, Kaffeesatz, Teesatz usw., und er ist recht ortsbeständig. Er wird auch gewerbsmäßig vermehrt und kann bezogen werden (siehe Lieferantenverzeichnis).

Alle Würmer sind zweigeschlechtlich. Sie besitzen keine eigentlichen Augen, sondern nur Lichtsinnzellen, die lediglich hell und dunkel unterscheiden. Sie kommen in der Nacht aus ihren Röhren heraus und suchen dann oberhalb der Erde nach Pflanzenresten. Sie fressen kein lebendiges organisches Material, sondern nur abgestorbenes, angerottetes. Sie fressen außerdem Erde und die darin enthaltenen Pilze und Bakterien. Dies ist einer der Gründe, weshalb dem Kompost stets etwas Erde oder auch Gesteinsmehl beigegeben werden muß; der Wurm braucht grobes Material zu seiner Verdauung.

Im Spätherbst kann man beobachten, wie der Regenwurm abgestorbene, herabgefallene Blätter einrollt und sie in seine Gänge einzieht, um sie dann zu fressen. Sind solche Blätter mit Pflanzenschutzmitteln, also Pilzmitteln oder Insektiziden behaftet, so stirbt der Wurm daran! Unbewußt vernichten wir mit den Pflanzenschutzmaßnahmen unseren besten Freund und Helfer. Anders argumentiert: Mit den Blättern frißt der Wurm aber auch die auf diesen noch haftenden Pilzsporen und trägt somit entscheidend dazu bei, die Pilzinfektion des nächsten Jahres einzudämmen.

Charles Darwin war es, der uns die Bedeutung des Wurmes nahebrachte. Er meinte, daß ohne den Regenwurm ein Leben auf dieser Erde nicht möglich sei. Ob dies stimmt, mag dahingestellt sein – für eine gute Humuswirtschaft, für biologische Düngung jedenfalls ist der Wurm unerläßlich.

Soweit zu den Lebewesen im Boden. Ihre Menge wie auch Artenvielfalt ist unvorstellbar groß. In einem Kubikzentimeter Erde können je nach Art des Bodens zwischen etwa einer Million und einigen Milliarden der hier aufgezählten Bodenorganismen vorhanden sein. Eine für unser Gehirn nicht mehr faßbar große Zahl!

Zusammensetzung eines Wiesenbodens

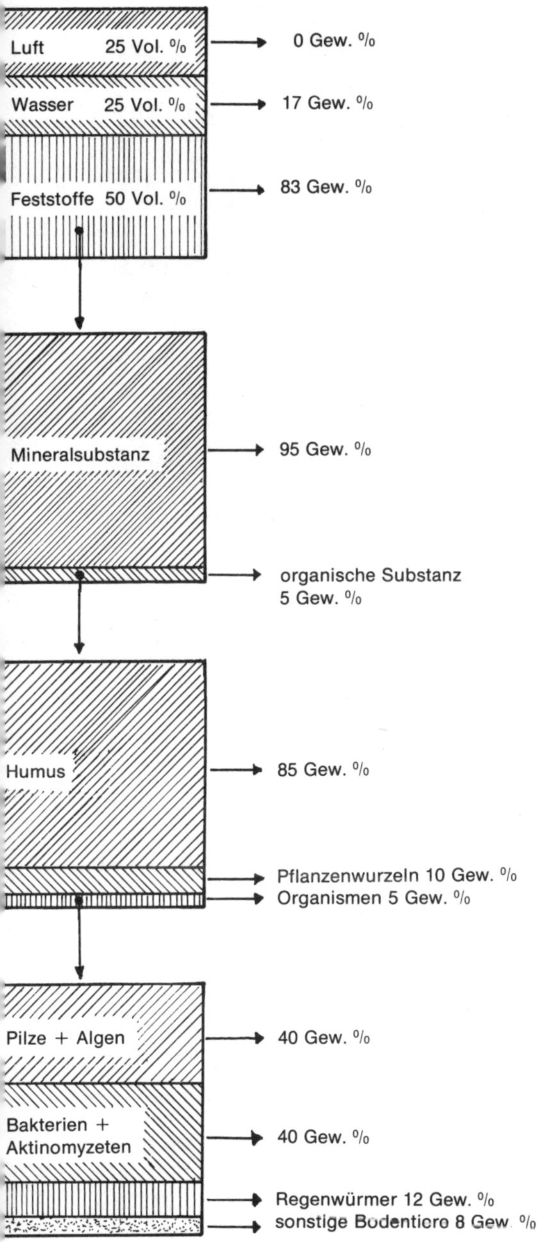

Eine andere Zahl besagt, daß rund 5% der *organischen* Bodensubstanz aus diesen Organismen besteht. Rechnet man dies gewichtsmäßig um, so befindet sich in der Humusschicht bis rund 20 cm Tiefe auf 1 m^2 650 g des Bodenlebens, entsprechend also 6,5 t auf einen Hektar. Das entspricht dem Gewicht von rund 12 Kühen. Damit entspricht das Gewicht des Bodenlebens dem rund sechsfachen der Kühe, die von dem gleichen Hektar ernährt werden können. Die Gesamtverteilung unter den einzelnen Bodenorganismen sieht etwa so aus: Rund 40% bestehen aus Algen und Pilzen, ebenfalls 40% aus Aktinomyzeten und Bakterien, 12% des Gewichtes machen die Regenwürmer aus und 8% die übrigen genannten Würmer, Insekten oder Einzeller.

Jedes dieser Lebewesen ist spezialisiert auf eine ihm zugemessene Aufgabe und lebt optimal nur, wenn Nährstoffzufuhr, Feuchtigkeit und Luftverhältnisse seinen Lebensbedürfnissen entsprechen. Stirbt es, so dient es anderen zur Nahrung. Das ganze System des Bodenlebens muß daher als eine Einheit betrachtet werden, deshalb auch der Sammelbegriff „Bodenleben“.

Die intensive Tätigkeit des Gesamtorganismus „Bodenleben“ beginnt etwa ab Mitte März, steigt stetig an bis Juli und fällt dann wieder gleichmäßig bis Dezember hin ab. Als Beleg hierfür mag wiederum der Regenwurmkot dienen; er enthält im Juli viermal soviel Stickstoff als in den Wintermonaten.

6.2 Der pH-Wert

In diesem Buch, wie auch in anderen neueren Gartenbüchern, taucht immer wieder der Begriff „pH-Wert“ auf. Man erfährt dann noch, daß kleinere Werte als pH 7 „sauer“ bedeuten, während solche über 7 einen basischen, alkalischen Wert angeben. Aber was versteht man nun exakt hierunter, wie errechnet sich dieser Wert? Auch der *Große Brockhaus* gibt nur eine allgemeine Auskunft, die nicht recht befriedigt: „pH (lat. = *p*otentia *h*ydrogenii), Abkürzung für den *Wasserstoffexponenten,* eine um 1909 von *S. P. L. Sörensen* (1868–1939) in die Chemie eingeführte Maßzahl für die Aktivität (in verdünnten Lösungen gleich der Konzentration) der freien Wasserstoffionen in einer Lösung. Der pH-Wert ist der negativ dekadische Logarithmus der Wasserstoffionenkonzentration.“ Das ist eine für den Laien nicht gerade verständliche Erklärung eines Begriffes, der heute ständig gebraucht wird. Nachfolgend daher der Versuch, ihn einigermaßen verständlich zu erläutern:

Wasser – chemische Formel H_2O – besteht in seiner kleinsten Einheit, dem Molekül, aus zwei Atomen Wasserstoff und einem Atom Sauerstoff.

Dieses Molekül zerfällt nun in einer bestimmten Menge Wasser in *äußerst geringer Anzahl* in das Atom Wasserstoff – H – und das Molekül Sauerstoff-Wasserstoff – OH. Diese Bestandteile sind, wie alle derartigen Kleinstteilchen, elektrisch geladen. Das Wasserstoffatom positiv = +, das Sauerstoff-Wasserstoffmolekül negativ = – bezeichnet.

In einem Liter Wasser befinden sich nun 0.0000001 eines Atomes H+ und ebenfalls 0.0000001 eines Moleküls OH–.

In einer anderen mathematischen Schreibweise sagt man, daß in einem Liter Wasser 10^{-7} Wasserstoffatome beziehungsweise Sauerstoff-Wasserstoffmoleküle vorhanden sind. Also ein jeweils zehnmillionster Teil beider Stoffe.

Man vereinfacht nun – aber nur für diesen Fall – die Schreibweise und schreibt nur noch die Zahl „7“ als eine Bezeichnung für neutral, also gleich großer Anzahl H und OH Teilchen.

Und gleich noch eine Bemerkung zu chemischen Bezeichnungen: Statt „Atom“ oder „Molekül“, also den kleinsten molekularen Einheiten, sagt man auch „Ion“, sofern sie frei beweglich sind, also „wandern“ können und nicht fest mit einem anderen Stoff verbunden sind.

Die Ionen H+ wirken dabei stets sauer, die Ionen OH– stets basisch.

pH 7 ist also die Zahl für eine neutrale wässerige Lösung. Fügen wir nun dem Wasser Ionen H+ in Form einer Säure zu, dann hat die Lösung natürlich mehr Ionen H+ als OH–. Beispielsweise geben wir soviel Ionen H+ zu, daß nun auf nur 1000 Wassermoleküle (H_2O) ein solches kommt, so hätten wir die Zahl 10^{-3}, schreiben aber nur „pH 3“.

Jede Flüssigkeit hat einen bestimmten pH-Wert, also auch der Zellsaft, unser Blut, Bodenlösungen usw. Das jeweilige pH-Milieu ist lebenswichtig für einen betreffenden Organismus, im für ihn falschen kann er nicht gedeihen. Lebewesen sind darauf eingerichtet, „ihren“ pH-Wert zu ändern, wenn sie auf ein fremdes, ihnen nicht zuträgliches Milieu stoßen. Am besten gedeihen sie natürlich, wenn das richtige pH-Milieu bereits vorhanden ist.

Daher kommt es, daß Pflanzen, die

Oben: *Ohne ihn geht es nicht! Bild eines Kompostwurmes –* Eisenia foetida. *Der Komposthaufen ist sein liebster Aufenthaltsort.*

Unten links: *Schaukasten, gefüllt mit diversen Erdschichten und eingesetzten Regenwürmern. Deutlich sind die mit Kot ausgekleideten Gänge zu sehen. Nach wenigen Wochen ist der Kasteninhalt durch die Wurmtätigkeit so vermischt, daß kaum noch die verschiedenen Schichten erkennbar sind.*

Unten rechts: *So tief wurzeln Pflanzen! Hier ein Schaukastenbild mit Maispflanzen der Landwirtschaftsschule Ebenrain, Sissach/Schweiz. Schaukastenhöhe ca. 1,20 m. Im freien Feld reichen die Wurzeln noch viel tiefer.*

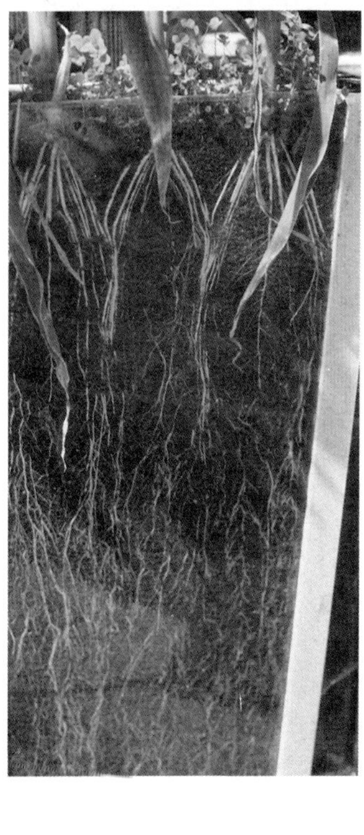

„sauer" lieben, z. B. Rhododendron, Himbeeren, Sauerampfer, am besten wachsen, wenn der Boden einen pH-Wert von ca. 5.5 bis 6 hat oder, umgekehrt, wenn Pflanzen ein alkalisches Milieu lieben, der Boden die Reaktion von pH 7.5 bis 8 zeigt. Die Unterschiede mögen uns nach der vorangegangenen Erklärung gering erscheinen, aber wie reagieren wir denn? Unser Magensaft hat einen pH-Wert von ca. 2, ist also stark sauer. Essen wir nun viel basische Kost, so wird tüchtig Säure nachproduziert, um den gewünschten Zustand wieder herzustellen. Mitunter wird aber auch zuviel Säure nachgeschoben, der Wert sinkt auf pH 1.5 bis 1.0, und Sodbrennen plagt uns!

Die pH-Wertbestimmung hat in den vergangenen Jahren auf allen Gebieten eine immer größere Bedeutung gewonnen, so auch in der Landwirtschaft. Wir haben hier mit den heutigen Bestimmungsmethoden ein Instrument, es der betreffenden Pflanze sofort „behaglich" zu machen, optimal auf ihre Wünsche einzugehen. Das heißt, wir können so Pflanzen an Standorten heranwachsen lassen, die sie normalerweise nicht beziehen würden – ein wenig Kalk oder, umgekehrt, Kompost aus Sägespänen, machen es möglich!

Oben: *Weinzeile in Purbach/Burgenland. Der Boden wird jedes Jahr reichlich mit Tresterkompost versorgt, er ist moosweich, elastisch, saugt auch stärkste Niederschläge auf und übersteht Trockenzeiten des pannonischen Klimas hervorragend. Die Grüneinsaat wird 3–4mal jährlich gemulcht. Reicher Regenwurmbesatz.*

Unten links: *Weinzeile in Purbach mit offen gehaltenem Boden. Der Boden ist hart, verschlämmt nach starken Regenfällen und muß mehrmals im Jahr mechanisch gelockert werden. Trockenzeiten führen zu Wachstumsstockungen. Da mineralgedüngt und offener Boden, gibt es fast keine Regenwürmer.*

Unten rechts: *Weinzeile in Rheinhessen. Hier ist der Boden mit Stroh bedeckt, das langsam verrottet. Das durchkommende Unkraut wird gemulcht und bleibt liegen. Auch hier: krümeliger, humoser Boden mit reichem Bodenleben.*

6.3 Wie nimmt eine Pflanze Nahrungsstoffe auf?

Es ist bereits schwer, das heutige, umfangreiche Wissen über die Nahrungsaufnahme der Pflanze in nur wenigen Absätzen und leicht verständlich nahezubringen – dies noch unter dem Eindruck, daß unser Wissen nur ein Körnchen in einem Sandmeer darstellt gegenüber den tatsächlichen Verhältnissen, die wir derzeit nur erahnen können. Die Forschung über das wirkliche Pflanzenleben steckt noch in den Kinderschuhen, die des Wurzellebens hat überhaupt erst begonnen. Auch dies ist wieder ein Grund, die Pflanze doch mit organischen, also natürlichen Produkten zu ernähren, anstatt sie, wie es in der konventionellen Landwirtschaft geschieht, mit den groben Mitteln gemäß der Mineralstofftheorie zu behandeln.

Die Pflanze kann sich über Blatt- *und* Wurzelsystem ernähren. Theoretisch könnte eine Nahrungsaufnahme vollständig über die Blätter vor sich gehen; dies bedeutete aber eine so hohe Konzentration an Nährstoffen, daß mit Verbrennungen, Verätzungen gerechnet werden müßte, abgesehen davon, daß zumindest große Pflanzen nicht genügend Nahrung erhielten. Jedoch ist es möglich, *kurzfristig* über Blätter Nährstoffe zuzufügen, um einen augenblicklichen Mangel zu beheben. Aufgenommen werden die in Wasser gelösten Stoffe durch Mikroporen, die sich auf beiden Blattseiten befinden, ebenfalls auch durch Spaltöffnungen an der Unterseite des Blattes.

Normalerweise nimmt die Pflanze durch die Blätter Sauerstoff, Wasser und in Wasser gelöste Stoffe auf, soweit diese nicht eine zu hohe Salzkonzentration besitzen.

Über die Wurzeln werden die Nährstoffe vorwiegend von den allerfeinsten Wurzelhärchen aufgenommen. Sie gelten als eine

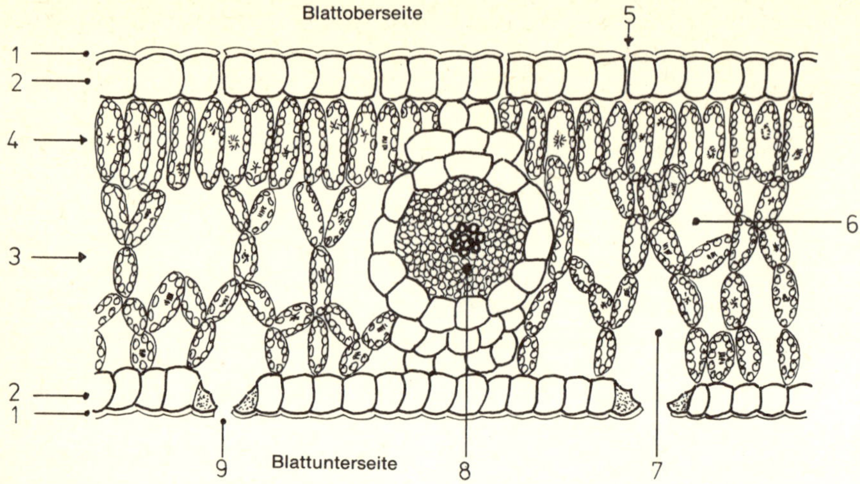

Querschnitt durch ein Blatt – *Schemazeichnung*

1 = Cuticula mit Wachsschicht
2 = Epidermis
3 = Schwammgewebe mit Chlorophyll
4 = Palisadenschicht mit Chlorophyll
5 = Mikropore
6 = Interzellulare Lufthöhle
7 = Atemöffnung mit Lufthöhle
8 = Mittelnerv mit Stützzellen
9 = Spaltöffnung mit Schließzellen

Die Spaltöffnungen, vorwiegend auf der Blattunterseite und nur ca. 20µ groß, dienen vorwiegend dem Gasaustausch. Die Schließzellen regulieren dabei die Öffnungsweite. Durch die Mikroporen auf beiden Blattseiten gelangen Wasser und darin gelöste Nährstoffe in das Blattinnere und werden verarbeitet oder weitertransportiert. Die Wachsschicht der Cuticula ist porös, so daß die feinen Nährstoff-Ionen hindurchwandern können.

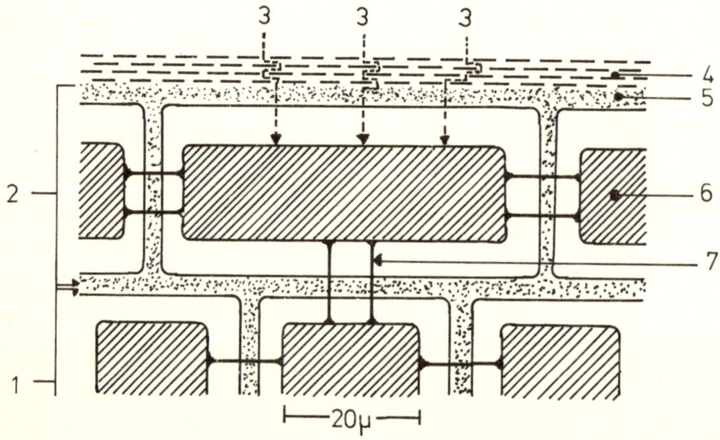

Feinaufbau einer Blattoberseite *(schematisch)*

1 = Palisadenzellen
2 = Epidermiszellen
3 = Eindringen von Wasser und *darin gelösten Nährstoffen*
4 = Cuticula
5 = Zellwand
6 = Zytoplasma
7 = Plasmodesmen

Wasser und darin gelöste Stoffe (z. B. Kohlensäure, Harnstoff, Schwefel u. a.) dringen durch die Cuticula und Zellwand in das Zytoplasma ein und werden von dort über die Plasmodesmen weitertransportiert. Die Nähr-Ionen haben eine Größe von 0,2–0,5 nm, die Zellwände haben dagegen eine 20- bis 100fache Maschenweite, durch die Nähr-Ionen hindurchgelangen können.

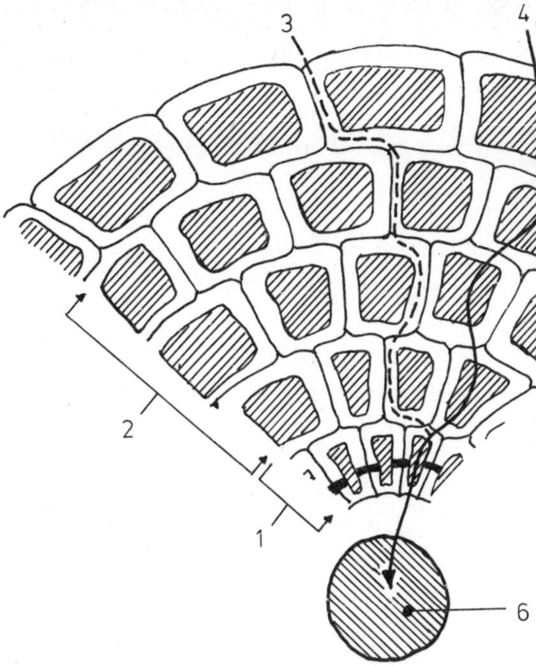

Nährstoffaufnahme durch die Pflanzenwurzel *(schematisch)*
1 = Endodermis mit Caspari*-Streifen*
2 = Rindenparenchym
3 = Nährstoffweg durch die Zellwände
4 = Nährstoffweg durch das Plasma
5 = Epidermis
6 = Leitgefäß (Xylem)

Die Wurzel kann auf zwei Wegen Nährstoffe aufnehmen. Die aktive Aufnahme geschieht durch das Plasma der Epidermiszelle und Weitergabe über die Plasmodien über die Endodermis zum Leitgefäß. Passiv dringen die Nährstoffe innerhalb der Zellwände und der Interzellularen bis zur Endodermis. Dort sperren die Caspari*-Streifen die Weiterführung, so daß sie nun ebenfalls über das Plasma in das Leitgefäß weitergeleitet werden.*

Epidermisausstülpung, sind stets nur einige Millimeter lang und höchstens 0,02 Millimeter dick. Jede Pflanze besitzt Milliarden solcher Wurzelhärchen. Daher schätzt man auch, daß die Gesamtwurzellänge beispielsweise einer Weizenpflanze 40 km beträgt. Neuere Schätzungen sprechen sogar von einigen tausend Kilometer Länge. Diese Wurzelhärchen werden ständig neu gebildet; ihre Lebensdauer beträgt im allgemeinen nur wenige Tage.

Die vorzugsweise in Wasser gelösten Nährstoffe gelangen jetzt auf zwei verschiedene Arten in das Zellgewebe und werden von dort aus wieder durch die Zellwände hindurch, oder durch das Plasma, zu den sogenannten Leitgefäßen transportiert.

Die Wurzelzelle selber läßt die feinsten Nährstoffteilchen, die als Ionen (Atome bzw. Moleküle) frei wandern können, ebenfalls durch ihre Zellwand hindurch.

Die Aufnahme der Nahrung geschieht entweder passiv oder aber auch aktiv, das heißt, aus dem „Willen" der Pflanze heraus.

Die passive Aufnahme wird hervorgerufen durch osmotische Kräfte: Die Salzkonzentration innerhalb einer Zelle ist stets höher als die des umgebenden wässerigen Milieus – es sei denn, man überdüngt die Wurzelzone, wobei dann die Zelle Salze abgibt und die typischen Überdüngungsschäden einer Pflanze zu beobachten sind – sie wird welk, schlapp und kann eingehen.

Die osmotische Kraft zieht also in Wasser gelöste Nährstoffe an sich; sie durchdringen die Zellwände und werden von dort aus in das Leitungssystem weitergegeben.

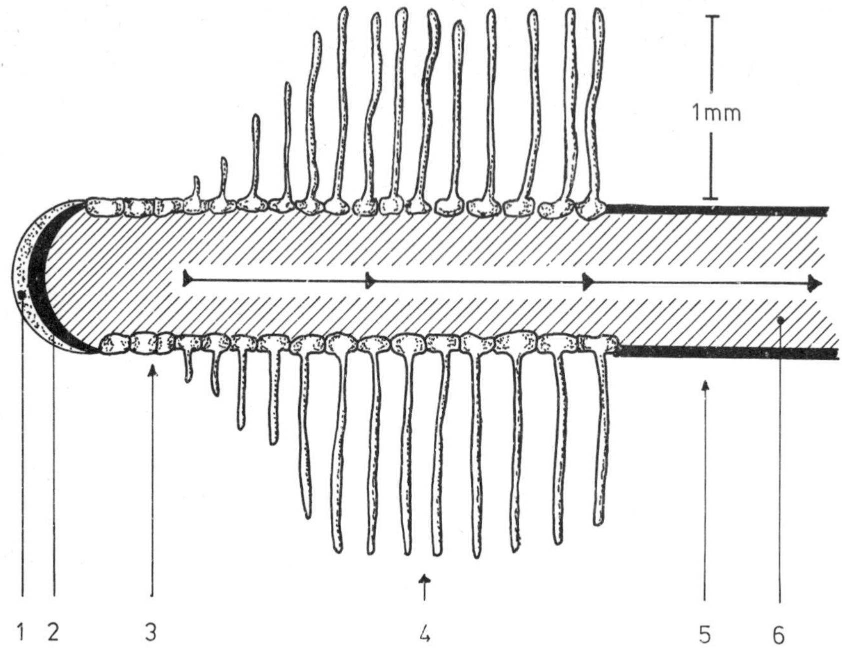

Längsschnitt durch eine Feinwurzel *(schematisch)*
1 = Vegetationspunkt, Suchorgan der Wurzel.
2 = Wurzelhaube
3 = Wachstumszone, wächst täglich bis zu mehreren Zentimetern
4 = Zone der Wurzelhärchen, sie werden bis zu 0,02 mm dick und bis zu mehreren mm lang
5 = Leitzone
6 = Wurzel-Leitgefäß zum Abtransport der Nährstoffe

Die Wurzeln tragen, je nach Pflanzengröße, Millionen bis zu viele Milliarden Wurzelhärchen, sie geben der Wurzelzone insgesamt eine außerordentliche Länge von vielen Kilometern. Die Härchen haben eine Lebensdauer von 2 bis 3 Tagen, sie werden ständig neu gebildet; durch sie ernährt sich die Pflanze. Besonders effektiv wird die Wurzelfunktion, wenn sich um die Feinwurzel ein Pilzmyzel gebildet hat aus Mykorrhizapilzen, die in Symbiose mit der Wurzel leben und diese ebenfalls mit Nahrung und Wasser versorgen, ihrerseits wieder von den Wurzelausscheidungen der Pflanze profitieren.

Die aktive Nahrungsaufnahme geschieht derart, daß durch das Atmen der Zellwurzeln ständig H- wie auch HCO_3-Ionen durch die Wurzelhärchen ausgeschieden werden. Diese Ionen lagern sich nun im Austausch gegen *gewünschte* Nährstoffionen an sogenannte Ionenaustauscher an. Die einzelnen Skizzen verdeutlichen dies und nennen dabei auch die verschiedenen möglichen Ionenaustauscher.
Wir wissen aber heute auch bereits, daß die Pflanze nicht nur die beiden genannten Ionen absondert, sondern auch Säuren, Enzyme, zuckerartige Stoffe usw., womit sie die Bodenteilchen anlösen kann und ein regelrechtes Tauschgeschäft mit den Nährstofflieferanten durchführt.
Solche Nährstoffaustauscher können sein: wässerige Bodenlösungen, Humus, Mikroben, direkte, grobe Nährstoffteilchen, nährstoffhaltiges Mineral, in Zersetzung befindliche Eiweißstoffe.
Bedenkt man, daß eine Zelle üblicherweise nur 0,01 bis höchstens 0,1 mm groß ist,

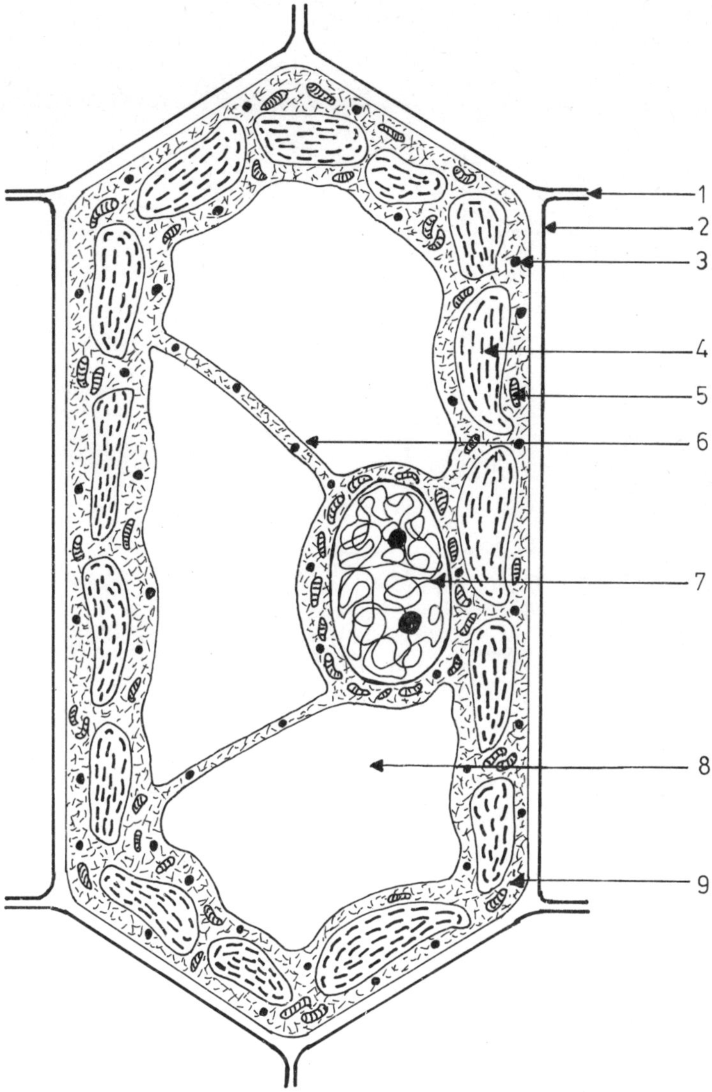

Pflanzenzelle *(schematisch)*

1 = Plasmodesmen, Verbindungsstränge zur Nachbarzelle
2 = Zellwand, durchlässig für Nährstoff-Ionen
3 = Sphärosomen
4 = Chloroplasten, blattgrünhaltige Organellen, führen ein selbständiges Leben in der Zelle
5 = Mitochondrien, enthalten Enzyme des Zellstoffwechsels, „Kraftwerke der Zelle"
6 = Plasmastränge
7 = Zellkern mit Nukleolus und DNS-Strängen
8 = Vakuolen, mit Saft gefüllte Hohlräume
9 = Zellplasma

Eine Pflanzenzelle ist zwischen 0,01 und 0,1 mm groß, sie besteht aus über 100 Millionen Atomen, ihre DNS-Stränge enthalten das Erbmaterial der gesamten Pflanze. Komplizierte chemische Prozesse spielen sich innerhalb einer Zelle ab; die in ihr enthaltenen Chloroplasten und Mitochondrien führen ein selbständiges Leben mit eigener Zellteilung. In den Vakuolen wird die in der Zelle gebildete Stärke abgelagert.

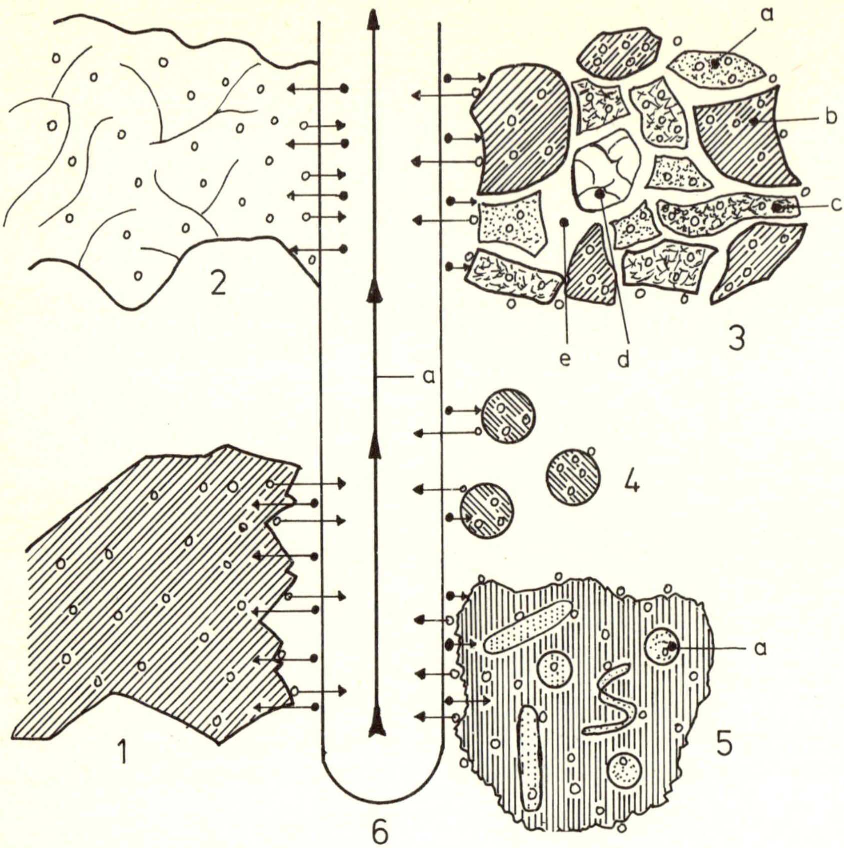

Nährstoffaufnahme durch das Wurzelhärchen aus verschiedenen Austauschern *(schematisch)*

1 = Nährstoffhaltiges Mineral, z. B. Gesteinsmehl

2 = Wässerige Bodenlösung mit gelösten Nährstoffen

3 = Ton-Humus-Komplex

a) = Organismen, vorzugsweise Bakterien; b) = Mineral, vorzugsweise Tonschluff und Gesteinsmehlpartikel; c) = Humus; d) = Wasser; e) = Luftzwischenräume.

4 = Mikroben bzw. deren Ausscheidungen.

5 = Humus mit a) = abgestorbenen Mikroben.

6 = Wurzelhärchen mit a) = Weiterleitung der aufgenommenen Nährstoff-Ionen.

Die feinen Wurzelhärchen suchen im Boden ständig nach geeigneten Nährstoffen. Diese sind z. B. an sogenannte Austauscher angelegt und werden von diesen im Austausch mit den H- und HCO_3-Ionen, die die Wurzel ausscheidet, abgelöst.

Die Wurzelhärchen sind aber auch in der Lage, Nährstoff-Ionen von festen Materialien, z. B. Steinen abzulösen, die vorher durch besondere Ausscheidungen der Wurzel regelrecht angelöst werden.

Wie dies geschieht, von welcher Pflanzenstelle die „Aufträge" hierfür erteilt werden, welche Zellen diese Lösungsmittel produzieren, ist derzeit noch weitgehend unerforscht.

bereits aus über 100 Millionen Atomen besteht, die Nährstoffe aber vorzugsweise in Atomgröße vorliegen, so kann man sich ein ungefähres Bild von der unglaublichen Feinheit und Vielfalt dieser Vorgänge machen.

Neuere Forschung hat gezeigt, daß die Wurzelhärchen aber nicht nur Einzelatome und Kleinstmoleküle, also „Ionen" aufnehmen, nein, sie nehmen auch große Molekülgruppen bis zu einem Gesamtmolekulargewicht von 1500 auf, wenn bestimmte Lösungsverhältnisse vorliegen. Diese Erkenntnisse stehen im Widerspruch zur seitherigen Mineralstofftheorie, auf die sich die konventionelle Düngelehre einseitig stützt.

Pflanzen nehmen mithin zusätzlich auch Eiweißstoffe wie Aminosäuren, Enzyme, Fermente usw., direkt auf und verwerten sie oder bauen sie für ihre Verhältnisse um.

Wie das geschieht, wie die Pflanze auswählt, wie sie überhaupt festlegt, daß sie von diesem oder jenem Nährstoff mehr oder weniger braucht – wir wissen es einfach nicht, sondern bewegen uns in Hypothesen.

Die gesamte Forschung auf diesem Gebiet stellt sich zur Zeit nur als ein grober Raster dar – die Wurzelforschung steckt dabei noch völlig in den Kinderschuhen. Vermutlich werden wir staunenswerte Erkenntnisse bekommen, wenn unser Wissen vertieft wird.

(Alle Skizzen nach: „Pflanzenernährung in Stichworten" von Prof. Arnold Finck, siehe Literaturverzeichnis.)

Kapitel 7: Düngeempfehlungen

Die nachfolgenden Empfehlungen sind praxiserprobt und für den Normalanbau gedacht. Sie gewährleisten gut entwickelte Pflanzen mit normaler Fruchtbildung, gesundes Obst und Gemüse. Wer Riesenkohlköpfe vorweisen möchte, mit Höchsterträgen rechnet oder Sonderkulturen anbaut, der muß auch mit besonderen Dünge- und Pflegemaßnahmen arbeiten. Aber in dem Fall nähert er sich ja schon dem derzeitigen konventionellen Anbau, der stets versucht, Höchsterträge zu erwirtschaften. Dies ist *nicht* der Sinn des biologischen Anbaues; hier soll eine *normale* Frucht mit hohen inneren und gesundheitlichen Werten heranreifen können.

Der Verfasser rechnet auch ein Gutteil der Gewächshauskulturen und der Anpflanzungen auf Hoch- und Hügelbeeten zu solchen Sonderkulturen. Zu den beiden letztgenannten Anbausystemen kann er unter Bezug auf die gewünschte, normale Pflanzenentwicklung kein Verhältnis bekommen: Für ihn sind Hügel- wie auch Hochbeete – auch der Treibkasten ist natürlich hinzuzurechnen – ein nicht pflanzengemäßer, das heißt unnatürlicher Beetuntergrund. Es wird künstlich Wärme erzeugt, die Pflanze damit zu triebigem Wachstum angeregt, mit dem Erfolg, daß wir ähnliche Erscheinungen bekommen wie bei einem Wachstum mit höchsten Düngergaben, seien sie organisch oder anorganisch! Deutlich ist dies am Nitratgehalt der geernteten Früchte zu erkennen. Abgesehen lediglich von Fruchtgemüsen wie Tomaten, die über eine natürliche Sperre einer zu hohen Nitrataufnahme verfügen, haben die dort geernteten Gemüse einen mehr oder weniger überhöhten Nitratgehalt! Bei Spinat kann er so hoch werden, daß eine Kontrolluntersuchung den Verzehr dieses Gemüses verbieten würde.

Für den Verfasser stehen auch Arbeitsaufwand zu Mehrertrag, der zweifelsohne erzielt wird, bei diesen Anbauformen in keinem rechten Verhältnis.

7.1 Düngeempfehlungen im Gemüseanbau

Jährlich erfolgt im Spätherbst auf den Gemüsebeeten eine Einsaat von Senf oder Spinat oder Ackerbohne, gegebenenfalls im Wechsel untereinander in aufeinanderfolgenden Jahren. Nur wenn infolge eines außergewöhnlich langen und warmen Herbstes der Senf noch so hoch wird, daß er blüht, wird bei Blütebeginn das Feld abgeschnitten, das Pflanzenmaterial jedoch an Ort und Stelle liegen gelassen. Im Frühjahr, beim Richten der Beete, also ab April, wird das nicht verrottete Material entweder abgeharkt oder, wenn es nur noch eine brüchige, lockere Struktur aufweist, einfach untergezogen, so daß es zur Bodenlockerung beiträgt.

Jedes Frühjahr wird vom selbst hergestellten *Frischkompost,* also dem Material, das etwa ½ bis höchstens 1½ Jahre liegt, die Beetfläche etwa 1 cm hoch aufgefüllt (eine Fingerbreite). Dieses entspricht zwei 10-l-Eimern pro m^2 = 12 bis 15 kg.

Den *Reifkompost,* also etwa 3 Jahre altes Material, verwenden wir sparsam für Pflanzlöcher, Pflanzrillen, bringen ihn also auch in den Boden ein. Bei sandigem oder tonigem Boden wird er auf der Beetfläche verteilt und mit dem Kultivator bis zu 10 cm untergezogen.

Steht eigener Kompost nicht zur Verfügung, so verwendet man käuflichen Humus, wie er in manigfaltiger Art angeboten wird. Die Mengenanwendung derartiger Fertigpräparate ist verschieden, man halte sich an die auf den Säcken aufgedruckten Vorschriften.

Zusätzlich erhalten die Gemüsebeete jedes Jahr ca. 500 g Gesteinsmehl pro m^2. Es wird nur aufgepudert und leicht eingeharkt.

Nur dann, wenn die Kalkprobe einen Mangel ausweist, wird Algen- oder Korallenkalk zusätzlich zum Gesteinsmehl aufgepudert; die Menge richtet sich nach Bodenzustand und Düngevorschrift der einzelnen Produkte; durchschnittlich werden es etwa 150–200 g pro m^2 sein.

Wer noch etwas ganz besonderes tun möchte, kann zusätzliche Gaben von *getrockneten Meeresalgen* (z. B. *Algomin* – siehe Lieferantenverzeichnis) ca. 50 g pro m^2 ausstreuen. Sie dienen der weiteren Versorgung mit Spurenelementen, die das Gesteinsmehl nicht enthält (Jod, Brom). Auch ihre sonstigen organischen Stoffe wirken anregend auf das Bodenleben. Alle Zugaben werden mit einer Harke fein auf der Beetoberfläche verteilt.

Anschließend kann gesät oder gepflanzt werden. Je nach Zustand des Beetes muß gegebenenfalls vor dem Auftragen von Kompost, Gesteinsmehl usw. der Boden gelockert werden. Im biologischen Landbau wird hierzu in der Regel nicht mehr umgegraben, sondern man sticht mit einer Grabegabel in den Boden ein, ruckt zwei- bis dreimal kräftig hin und her und drückt die Gabel nur ganz leicht hoch, *wendet den Boden aber nicht.* Der Boden soll lediglich gut belüftet, keinesfalls jedoch umgeschichtet werden!

Diese Arbeit wird, je länger ein Boden im biologischen Sinne bearbeitet wird, in späteren Jahren immer weniger notwendig sein. Man zieht dann nur noch mit dem Sauzahn oder Kultivator durch, so locker

ist der Boden geworden, so tief ist die Humusschicht gewachsen.
Wird anschließend gepflanzt, so richtet man sich nach seinem *vorher angefertigten Gartenplan* und unterscheidet dabei in der Hauptkultur zwischen *Starkzehrern, Mittelzehrern* und *Schwachzehrern.*
Starkzehrer: alle Kohlarten, Sellerie, Lauch, Tomaten.
Mittelzehrer: Karotten, Zwiebeln, Kohlrabi, Rote Bete, Radieschen und Rettiche, alle Salate und alle einjährigen Gewürzkräuter.
Schwachzehrer: Hülsenfrüchte, also Bohnen, Erbsen, Linsen. Ferner frühe oder späte Mohrrüben wie auch Kartoffeln.
Man orientiere sich an Hand von Gartenbüchern über die Einteilung, die Angaben sind etwas unterschiedlich.
Pflanzreihen für Starkzehrer bekommen eine zusätzliche Düngung von *entweder* Mistkompost, *oder* getrocknetem Rinderdung, *oder* organischem Dünger, stickstoffreich mit möglichst hohem tierischen Anteil. *Bei der schon vorgenommenen guten Grundversorgung der Beete genügt die Hälfte der Mengen, die auf den Packungen empfohlen sind.*
Bei den Mittelzehrern braucht man sogar nur ein Viertel der auf den Packungen empfohlenen Düngermengen als zusätzliche Gaben, um ihre ausreichende Versorgung zu sichern. Pflanzt man diese Mittelzehrer auf Beete, die im Jahr davor Leguminosen, also Bohnen oder Erbsen getragen haben, so brauchen sie überhaupt keine zusätzliche Düngung; es genügt die oben beschriebene Grundversorgung mit Kompost und Gesteinsmehl.
Über das System eines solchen Beetwechsels geben Gartenbücher Auskunft. Empfohlen seien die Bücher Mücke-Rieger, „Der Garten drinnen und draußen“ und Siebeneicher (Hrsg.), „Neues großes Gartenlexikon“ (s. Literaturhinweise).

Bei normalen Witterungs- und Temperaturverhältnissen wird im laufenden Jahr keine Nachdüngung notwendig sein.
Bei Wachstumsstockungen infolge übergroßer Nässe, nach Kälteperioden oder auch langer Trockenheit kann man, um wetterbedingte Schäden auszugleichen, mit den oben erwähnten Düngemitteln nachdüngen. Die Wirkung ist im Sommer schon nach 8 bis 14 Tagen zu erwarten, kommt also zum Fruchten gerade zurecht. Eine solche Nachdüngung wird auf den Boden, um die Pflanze herum, aufgestreut und ganz leicht eingeharkt; für anschließende gute Bodenfeuchtigkeit und Beschattung, evtl. durch Mulchauftrag, ist zu sorgen.

Ausnahmen von dieser Regeldüngung unterliegen die sogenannten *Sonderkulturen.* Hierzu zählt der Verfasser auch einige unserer normalen Gemüsepflanzen, die besser gedeihen, wenn man ihren besonderen Nahrungsbedürfnissen Rechnung trägt.

Spargel liebt sandigen oder leicht lehmhaltigen Sandboden mit nur geringem Humusgehalt (2–3%). Hat man dagegen einen sehr humosen Boden, so muß Sand zugefahren werden. Die Pflanze selber wird dann in gute Komposterde gepflanzt, die man in den Pflanzgraben einträgt. Aufgefüllt wird der Graben mit der Aushuberde, die gegebenenfalls mit Sand gemischt wurde.
Als Pflanzkompost sollte ein gut verrotteter Mistkompost Verwendung finden, am zweckmäßigsten aus Rindermist. Im zweiten Jahr wird der Pflanzgraben erneut mit Kompost aufgefüllt, bevor man den typischen Hügel aus der restlichen Aushuberde errichtet. In den kommenden Jahren wird vorwiegend mit Flüssigmist oder mit Pflanzenjauchen gedüngt, um den Sandbodencharakter der Spargelbeete zu erhal-

ten. Im übrigen sind die spargeltypischen Kulturmaßnahmen genau einzuhalten.

Gurken, Melonen, Kürbisse, Zuchini
Diese immer beliebter werdenden Früchte verlangen einen tiefgründigen, humusreichen, lockeren Boden. Ihn kann man bekommen, indem man *auf* die Gartenerde eine gute Packung Mistkompost legt, noch weitere 3 bis 4 cm normalen Kompost daraufgibt und die Pflanzen als Stecklinge einsetzt. Sie stehen also auf einer kleinen Erhebung, wobei es sich um Einzelhügel oder um ein in die Länge gezogenes Hügelbeet handeln kann. Reichliche Gesteinsmehlgaben bis zu 1 kg pro m^2 werden aufgetragen. Gute Bewässerung ist notwendig. Der Platz wird jedes Jahr gewechselt. Da Gurken nur schwache Zehrer sind, kann der Humus, mit dem die Hügel errichtet wurden, für die Beetbedeckung des nächsten Jahres Verwendung finden.

Rhabarber liebt einen schwach sauren Boden, der tiefgründig, humos und locker sein sollte. Hier finden also Sonderkomposte aus Heckenschnitt, Sägmehl usw. Anwendung, um ein genügend großes Beet, mindestens 30 cm tief, aufzufüllen. Dort hinein kommt dann die Pflanzenwurzel. Eine solche Bodenversorgung genügt im allgemeinen für viele Jahre. In jedem Frühjahr sollte jedoch einmal eine Gabe organischen Düngers ausgestreut werden, damit die Pflanze stets in flottem Wuchs bleibt.

Kohlarten Die Kohle wurzeln erstaunlich tief – bis zu 1 m – und bilden ein dichtes, weit ausladendes Wurzelnetz. Sie benötigen daher einen recht großen Standraum und wünschen einen feuchten Boden. Sie lieben besonders Lehm- und Tonböden, humusreich und neutral im pH-Wert. Saure Böden müssen unbedingt durch Kalkgaben neutralisiert werden. Im Gegensatz zur sonst empfohlenen Bodenbearbeitung sollte ein Kohlbeet möglichst tiefgründig mit Reif- oder Mistkompost versorgt werden, auch wenn dazu einmal ein Spaten benötigt wird.
Besonders düngeempfänglich sind Blumenkohl und Brokkoli. Hier sollte man mit Kuhmist, Geflügelmist, also hochwertigem, nährstoffreichem Zukaufdünger, zusätzlich düngen, damit man schöne Köpfe oder Blüten erhält. Mulch, entlang der Pflanzreihen, zur Vermeidung von Unkrautbewuchs und Bodenverdichtung, ist zu empfehlen.

Mohrrüben brauchen lange Zeit bis zum Auflaufen der Saat. Man mischt daher einige Radieschensamen unter den Mohrrübensamen, damit man die Saatrille erkennt.
Mohrrüben sind besonders empfindlich gegenüber Zudüngung. Normale Erde mit gutem Humusgehalt ist ausreichend, die besten Mohrrüben wachsen sowieso auf leichteren Böden. Da Mohrrüben Mineralstoffe förmlich an sich ziehen, ist lediglich für eine gute Versorgung der Pflanzreihen mit Gesteins- oder Tonmehl zu sorgen. Es kann die doppelte Menge aufgetragen werden, wie bereits zur Grunddüngung empfohlen.

Sellerie Der so beliebte und vielseitig verwendbare Sellerie, sowohl der Knollen- als auch der Schnitt- oder Bleichsellerie, macht im Anbau oft Probleme. Das muß nicht sein, wenn man die „Lebensgewohnheiten“ der Pflanze kennt: Sellerie ist kein Tief-, sondern ein Breitwurzler. Die Pflanzreihen sollten also links und rechts stets eine Mulchabdeckung tragen, damit der Boden bis oben hin feucht bleibt und vom Bodenleben gut durchsetzt ist. Die Pflanze benötigt *hohe Mineralmengen,* die Pflanzreihe muß also Mistkompost oder,

wenn dieser nicht zur Verfügung steht, reichlich Normalkompost und zusätzlich Handelsdünger aus tierischem Kot erhalten. Am geeignetsten ist hierbei Geflügelmist oder Guano. Sollte man das Glück haben, Schweinemist zu bekommen und hieraus einen Kompost bereiten zu können, so entspricht dieser am besten den Wünschen der Pflanze. Auch Kaligaben durch Holzasche sind nützlich.
Treten trotzdem noch Wachstumsstörungen auf, so streut man zusätzlich Algen- oder Korallenkalk.
Die Zusatzdüngemittel gibt man nicht nur direkt um die Pflanze herum, sondern verteilt sie bis 30 cm außerhalb der Beetreihen. Auch eine Bewässerung muß stets auf das breite Wurzelwachstum dieser Pflanze Rücksicht nehmen.

Noch einige zusätzliche Erfahrungen: Man sollte nicht versäumen, auch in einem kleinen Gemüsegarten *Kartoffeln* anzubauen, wobei das Kartoffelbeet von Jahr zu Jahr an eine neue Stelle kommt. Diese Kultur wirkt bodenverbessernd, bodenlockernd und schafft für darauffolgende Kohlanpflanzungen hervorragende Verhältnisse. Kartoffeln brauchen keinen hohen Düngeaufwand – im Gegenteil, die besten Kartoffeln wachsen in leichten Böden. Zwar erreicht eine Kartoffelpflanze dann optimale Erträge, wenn sie kräftig angehäufelt wird. Man kann aber auf das Häufeln verzichten und trotzdem einen Ertrag erzielen, ausgenommen in kühlfeuchten Böden.

Tomaten lieben einen Boden, der von ihrer eigenen Pflanze beeinflußt wird. Die im Laufe des Sommers ausgebrochenen Geiztriebe werden daher um den Stock herum als Bodenbedeckung ausgelegt. Die im Herbst abgeräumten Tomatenstauden werden – auch wenn es nur wenig Material ergibt – zu einer kleinen Sonderkompostmiete aufgesetzt. Dieser Kompost – er kann ruhig frisch sein – wird dann im kommenden Jahr wieder auf den Boden des Tomatenfeldes ausgebreitet. Unbedenklich können Tomaten am gleichen Platz 5, ja sogar bis 8 Jahre stehen, vorausgesetzt, daß nicht eine Tomatenviruskrankheit auftritt; dann muß der Platz geräumt und gewechselt werden zugunsten einer anderen Frucht, die hiervon nicht befallen wird. Im übrigen lieben Tomaten kräftige, stickstoffbetonte Düngung, damit sie, evtl. mit einer Plastikummantelung abgedeckt, bis in den späten Herbst hinein auch reichlich fruchten.

Eine *Stangenbohnensaat* geht viel schneller auf, und die Keimlinge werden weniger von Ungeziefer heimgesucht, wenn man den Pflanzplatz rund um die Stange herum etwa 1 cm hoch mit kleinen Kieselsteinen oder, besser noch, mit kleinen Lavabrokken von etwa 1 cm Durchmesser bedeckt. Dieses Steinmaterial speichert die Wärme des Tages und läßt die Nachtkühle nicht in den Boden gelangen. Die Keimlinge wachsen jedoch ohne weiteres hindurch, werden dann aber von Ungeziefer und besonders Schnecken nicht gefressen, da diese ungern über die Lavasteine kriechen. Die Steinscheibe sollte dabei etwa 10 cm im Durchmesser größer sein als der Pflanzring. Im Herbst nimmt man die Steine herunter, sie werden gewaschen, gereinigt, um zur Frühjahrsansaat wieder bereitzustehen.

Noch einmal sei am Schluß dieses Kapitels auf die Aufstellung eines Anbauplanes hingewiesen. Diese vorbereitende Arbeit, die man an Winterabenden gemeinsam mit der Familie ausführt, erleichtert die Arbeit im Sommer ungemein, gibt Sicherheit in der notwendigen Düngung und sagt, was im darauffolgenden Jahr zu tun ist. *Jede*

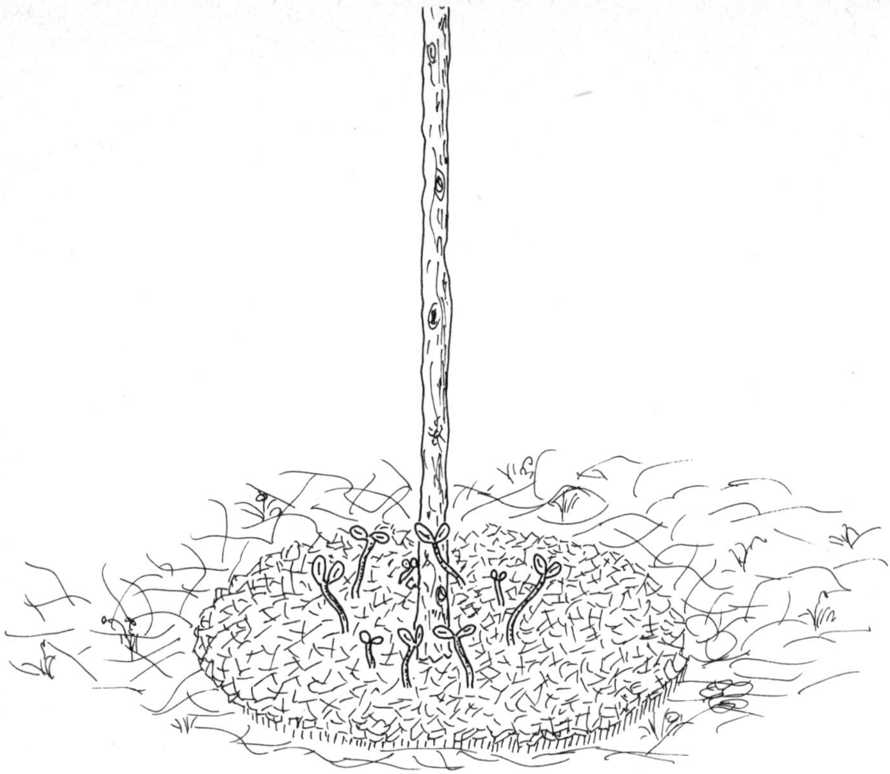

Lavabrocken oder spitzkantiger Kies, *Steinchengröße ca. 1 cm, speichern die Tageswärme und bringen die Bohnensamen schneller zum Keimen. Gleichzeitig werden Schnecken von den Keimlingen ferngehalten, wenn die scharfkantigen Steinchen weit genug über die Saatstelle herum ausgelegt werden. Höhe der Bedeckung ca. 1 cm.*

Düngung wird in Art und Menge darauf verzeichnet, Zusatzdüngungen werden nachgetragen.

Es versteht sich von selbst, daß der Plan dann auch eingehalten wird, denn nur dann kann er ja für das kommende bzw. die kommenden Jahre auch Richtschnur sein.

Aus den gesammelten Plänen und den inzwischen gewonnenen Erfahrungen beurteilt man, ob die Düngemaßnahmen richtig waren, ob man sparen kann oder noch mehr tun muß.

Jede Düngung wirkt nur bei entsprechenden Niederschlägen optimal. Ein kleinerer Regenmesser gehört also auch in den Garten. Die Niederschläge werden dann aufgezeichnet – am Rand des Gartenplanes – und bei der Beurteilung der Düngemaßnahmen mit herangezogen.

Zuviel verlangt? Es sind doch nur Minuten, die man mit solchen Aufzeichnungen verliert, aber Minuten, die sich später bezahlt machen!

7.2 Düngeempfehlungen für Obst und Gartenfrüchte

Wer je das immer noch aktuelle Buch des Pioniers der modernen Humuswirtschaft, Professor *Alwin Seifert* „Gärtnern, ackern ohne Gift“ (s. Literaturverzeichnis) gelesen hat, weiß, welche Bedeutung dieser dem Humus auch für Obstgehölze zumaß. Auch dem skeptischen Leser sei versichert: Die Angaben von Seifert, daß Obst-

bäume, die Jahr für Jahr unter Läusen und allen möglichen Krankheiten zu leiden hatten, wieder gesund wurden, wenn man nur 2 bis 4 Jahre Geduld aufbrachte und dabei regelmäßig die Baumscheibe jährlich mit einer etwa 2 cm hohen Humusschicht bedachte, stimmen!
Damit ist eigentlich schon alles gesagt. Die Baumscheibe, bis hin zur Kronentraufe, das heißt also senkrecht unterhalb der äußersten Zweigspitzen, wird jedes Jahr etwa 1 bis 2 cm hoch mit Frischkompost belegt – das ist alles. Jede sonstige Düngung kann unterbleiben. Es ist dem einzelnen Gärtner überlassen, ob auf dieser Baumscheibe nun wieder Gras wächst, ob er sie mit Kapuzinerkresse oder mit niedrig wachsenden Leguminosen bepflanzt oder ob er den Grasmulch des umliegenden Rasens darauf ausbreitet. Die letztgenannten Möglichkeiten sind selbstverständlich vorzuziehen. Der Verfasser empfiehlt, daß bis Mitte des Jahres, also bis nach der Hauptflugzeit der Blattläuse, eine Kresseansaat erfolgt, die ab Ende Juli abgemäht wird und anschließend Rasenmulch auf die Baumscheibe kommt. So überstehen die Bäume die im Hochsommer übliche Trockenzeit hervorragend, und eine Bewässerung ist kaum nötig. Im Herbst muß der Mulch hinsichtlich Mäusezuzug kontrolliert und gegebenenfalls abgeräumt werden. Dieses Verfahren eignet sich für alle Obstbäume und -gehölze.

Beerenobst – hierunter fallen Heidelbeeren und Johannisbeeren, Stachelbeeren, Brombeeren und Himbeeren –, liebt ein eher saures Bodenmilieu. Sonderkomposte aus Holz- oder Heckenschnitt werden anstelle des üblichen Kompostes aufgetragen, bei Himbeeren und Brombeeren wie auch bei Heidelbeeren kann sogar Sägemehl als Mulchschicht gegeben werden, damit es an Ort und Stelle verrottet.

Wein verträgt auf seiner Baumscheibe am besten Rindermist, sei es in Form von Mistkompost, Frischmist oder getrocknetem Rinderdung. Reichlich Gesteinsmehl wie auch Holzasche befriedigen den Kalibedarf dieser Pflanze. Werden im Frühjahr die Reben geschnitten, so wird alles Rebholz, ca. fingerlang zerkleinert, auf der Baumscheibe eines Weinstocks belassen; es ist kalireich, verrottet dort langsam und beschattet gleichzeitig den Boden.

Die *Erdbeere,* eine unserer beliebtesten Gartenfrüchte, verlangt im allgemeinen nur einen gut humosen Boden, aber *keine besondere Düngung.* Lediglich für gute Gesteinsmehlgaben wie auch für Algenmehl ist sie dankbar. Es genügt also die normale, bereits beschriebene Bodenversorgung. Dazu jedoch der Hinweis: Soll die Kultur noch ein zweites oder gar drittes Jahr stehenbleiben, muß sie *nach der Ernte* eine Gabe organischen Gartendünger mit niedrigem Stickstoff- jedoch hohem Phosphorgehalt bekommen. Bei drei- bis vierjähriger Kultur sollte spätestens im zweiten Jahr zusätzlich eine Kalkung vorgenommen werden.
Erdbeeren sind besonders dankbar für Mischkultur: Salat, Zwiebeln oder Knoblauch, evtl. auch noch Kresse oder Ringelblume mitten zwischen die Reihen gepflanzt, halten diese Pflanzen mehr gesund als alle Spritzmittel!
Auf gute Bodenbeschattung zwischen den Reihen durch Stroh, Holzwolle oder Häcksel ist zu achten, hierdurch werden zugleich die bodennahen Früchte trockengehalten.
Auf Erdbeerbeeten hat sich der in Kapitel 5 beschriebene Kompost aus Zeitungspapier hervorragend bewährt. Er wird etwa 2 cm hoch auf die Bodenkrume aufgetragen. Infolge seiner lockeren Struktur nimmt er Regen auf, ohne daß sich Pfüt-

zen bilden, gibt aber die Feuchtigkeit auch bald wieder an die tieferen Bodenteile ab. Beeren, die direkt auf derartigen Kompost zu liegen kommen, faulen daher kaum. Ähnlich gute Ergebnisse erzielt man mit Rindenhumus, der gleichermaßen nur aufgestreut, also keinesfalls eingearbeitet wird.

7.3 Düngeempfehlungen für Ziergehölze

Hier haben sich als Bodenauflagematerial kleingehäckselter Heckenschnitt, *unkompostiert,* wie auch mittelgrobe Rindenmulche bewährt. Es wird die gesamte Baumscheibe damit bedeckt. Gras oder Unkraut läuft nicht auf, der Boden wird feuchtgehalten; das Bodenleben verarbeitet nach und nach das Auflagematerial. Eine solche Bedeckung braucht nur alle paar Jahre erneuert zu werden; sie sieht die ganze Zeit über sauber und gepflegt aus. Zusätzliche Düngung ist nicht erforderlich. Blühende Sträucher, beispielsweise Flieder, Rosen, Forsythien, sind jedoch dankbar, wenn sie *nach der Blüte* auf die Baumscheibe eine gute Gabe organischen Düngers bekommen. Der Dünger sollte nicht stickstoffbetont sein, sondern vor allen Dingen viel Phosphor enthalten.
Rhododendron, Azaleen, Blaubeerbüsche lieben einen betont sauren Boden. Bei diesen Gehölzen wird auch heute noch gerne mit Torf gearbeitet, der leicht in die obere Bodenkrume eingehackt wird. Bevorzugt wird Torfsubstrat, also ein Torf, der bereits schwache Düngemittelmengen enthält.
Noch ein Wort zum Abschneiden abgeblühter Blütenstände: Viele Hausgärtner machen den Fehler, die abgeblühten Blütenstände sofort nach Blütenende abzuschneiden. Das ist falsch. Auch der Vorgang des Fruchtens gehört zum Lebensrhythmus einer Pflanze. Man entfernt die Blütenstände erst vor Fruchtreife, das heißt bei beginnender Verholzung der Triebe. Befolgt man diesen Rat nicht, so fügt man einem Baum unter Umständen mitten in der Vegetationszeit viele Schnittwunden zu, die er nur schwer überwinden kann. Verkümmertes Triebwachstum, Blatteinrollungen bis hin zum Absterben ganzer Zweige können die Folge sein.
Es ist selbstverständlich, daß jedes Gehölz, gleich ob Baum oder Strauch, nach einem starken Rückschnitt eine kräftige, *triebfördernde* Düngung erhält. Hier sind also Handelsdünger mit hohem Stickstoffgehalt am Platz, ebenso besonders reichliche Humusgaben. Diese Dünger können schon während der Schnittzeit, also im Winter, aufgetragen werden, damit sie sofort bei Beginn der Vegetation zur Verfügung stehen. Auch kräftige Gaben von Pflanzenjauchen während der ersten Frühjahrsmonate sind empfehlenswert. Unter Umständen sticht man mit einer Lanze Löcher in den Boden, etwa 20 bis 30 cm tief, um hier hinein die Pflanzenjauche zu gießen. Gaben von 10 l pro m^2 sind zu empfehlen. Die Jauchen werden dabei niemals unverdünnt, sondern, da sie in diesem Fall ja direkt mit dem Wurzelwerk in Verbindung geraten, in einer Verdünnung von 1 : 10 gegeben.

7.4 Düngeempfehlungen im Blumengarten

Abgesehen von wenigen Ausnahmen begnügen sich Blumen mit einer ganz normalen Kompostversorgung. Einige Pflanzen jedoch, die man auch hier als Starkzehrer bezeichnet, brauchen Zusatzdüngung. Dazu zählen Narzissen, Iris, Liliengewächse und Dahlien. Sie erhalten im Frühjahr

wie auch nach der Blüte Zusatzdüngung wie getrockneten Rinderdung, Guano oder Geflügelmist oder stickstoff- *und phosphorreichen* Handelsdünger.
Auch *Rosen* lieben solche zusätzlichen Düngergaben, wenn sie im Jahr mehrmals blühen sollen. Die oben erwähnten Düngemittel werden kurz vor Beginn der – manchmal wiederholten – Vollblüte aufgestreut und leicht eingearbeitet. Nach der Blüte ist für gute Bewässerung zu sorgen, so daß die düngewirksamen Stoffe auch vom Bodenleben verarbeitet werden können. Die jeweiligen Düngermengen sind nur gering, sie betragen etwa ein Viertel der auf den Packungen angegebenen Empfehlungen, sie verteilen sich bei dieser Methode ja auf bis zu 4 Düngergaben pro Jahr, sorgen aber durch die wiederholte Ausbringung für einen permanenten Nachschub an Nährstoffen.
Die früher hohen Torfmullgaben im Blumengarten sollten endgültig der Vergangenheit angehören. Sie haben mehr geschadet als genutzt. Besonders gilt dies bei der Rosenabdeckung im Herbst. Das Anhäufeln um die Stämmchen geschieht viel sinnvoller mit lockerem Kompost, der dann beim Enthäufeln im Frühjahr auf den gesamten Beetboden ausgezogen wird.
Also auch im Blumengarten Kompostanwendung, wobei der Verfasser zum Einsatz von Reifkompost rät, der bei den oft empfindlichen Blumenpflanzen milder, ausgeglichener wirkt, als der mitunter überkräftige Frischkompost.
Ausgesprochen zurückhaltend mit Düngestoffen sei man bei *Steingartengewächsen.* Hier bevorzugt man Gesteinsmehle und gibt nur spärlich Kompost.
Im übrigen gelten für den Blumengarten die gleichen modernen Mischkulturenregeln wie für den Gemüseanbau. Auch Blumen fördern, unterstützen sich gegenseitig in ihren verschiedenen Arten. Monokulturen sind auch hier negativ und fordern besondere Maßnahmen des Pflanzenschutzes. Ab und zu eine Ringelblume im Rosenbeet, einige Knoblauchpflanzen dazwischen und etwa eine Kresse noch hinzugepflanzt – das mag zunächst den Betrachter verblüffen, sieht ungewohnt aus, aber in diesem Rosenbeet wird kaum Mehltau oder Läuseplage auftreten.
Zusammengefaßt: Gerade Blumen sind für Überdüngung empfindlich. Normale, humose Bodenverhältnisse, die wir allein mit Kompost herbeiführen können, sind ihnen lieber. Überdüngung schafft stets Probleme, die nur durch Pflanzenschutzmittel beseitigt werden können.

Balkonblumen, Topfblumen
Wer in der Schweiz, in süddeutschen Gebieten, im Elsaß war, wird oft gestaunt haben über die üppigen Geranienkästen vor den Fenstern. Die Pracht hängt oft einen halben Meter tief vom Blumenkasten herunter und bedeckt auch die Hälfte des Fensters. Wie ist so etwas möglich? Womit düngen denn die Hausfrauen? – so wird allenthalben gefragt. Das Geheimnis heißt Geflügelkotjauche. Regelmäßig, mindestens jede Woche einmal, werden die Balkonkästen mit einer *ausgegorenen Jauche aus Geflügelkot* gedüngt. Es wird ausschließlich reife Jauche verwendet, die kaum noch Geruch aufweist. Auch sie wird selbstverständlich nur verdünnt angewendet.
Die Blumenkastenerde besteht aus Reifkompost, dem etwa 10% Gesteinsmehl und 10% normale Gartenerde zugemischt wird. Ebenfalls können fertig käufliche „Pflanzerden“ Anwendung finden, denen man aber noch zusätzlich 20% Reifkompost, 10% Gesteinsmehl und 10% Gartenerde hinzufügt.
Ähnlich geht man bei Topfpflanzen vor,

nur daß hier diese Jauche mindestens 1 : 20 bis 1 : 30 verdünnt werden muß, da der Wasserbedarf der Zimmerpflanzen erheblich höher ist als der der Balkonblumen.
Steht kein Hühnerkot zur Verfügung, so tut es natürlich käuflicher Guanodünger oder getrockneter Hühnerkot genauso; sie vollbringen, nach vorangegangener Verjauchung, die gleiche Wirkung.

7.5 Düngeempfehlungen für Rasen

Es gibt Liebhaber von Wiesen – zum Glück werden sie immer mehr –, und es gibt Liebhaber des kurzgeschorenen Rasens.
Während eine Wiese eigentlich keiner besonderen Bodenpflege oder Düngung bedarf – alle Jahre eine Kalkung, im Wechsel mit Steinmehlgaben genügen, zusätzlich gibt man jedes zweite Jahr eine Horn-Knochenmehl-Mischung mit 100 g/m² hinzu –, so braucht verständlicherweise der kurz gehaltene Rasen, da er ja ständig in hohem Trieb gehalten wird, eine regelmäßige, *stark stickstoffbetonte* Düngung. Spätestens nach jedem zweiten Schnitt sind Hornmehl oder Blutmehl aufzustreuen, 100 g pro m². Jede dritte bis vierte Düngung wird jedoch mit einem organischen Volldünger vorgenommen, damit auch die übrigen Nährstoffe nicht zu kurz kommen. Mindestens einmal im Jahr wird mit Gesteinsmehl oder mit Kalk gedüngt, 100 g/m². Einmal im Jahr, zweckmäßigerweise im Frühjahr nach vorherigem Verticutieren, erfolgt ein Humusauftrag in, wenn so viel vorhanden, 1 cm Stärke auf die gesamte Rasenfläche.
Ein so versorgter Zierrasen kann kurz gehalten werden, er bleibt stets wuchsfreudig und ist äußerst trittfest, also belastungsfähig. Trotz der reichlichen Düngung hat sich in seiner Humusschicht auch ein kräftiges Bodenleben entfalten können.

Anhang

Erläuterungen einiger Spezialausdrücke

Aktinomyzeten Strahlenpilze, Übergangsform zwischen Pilzen und Bakterien. s. Strahlenpilze.

aerob Luftsauerstoff zum Leben benötigend.

Affinität Verwandtschaft, Ähnlichkeit, dadurch bedingte Anziehung.

alternierend wechselnd, sich abwechselnd, z. B. bei Pflanzenreihen.

anaerob ohne Luftsauerstoff lebend. Bedeutet nicht *gänzlich* ohne Sauerstoff lebend, dieser kann an anderes Material gebunden sein (z. B. Mineral, Wasser).

Anion Negativ geladenes Ion, das bei der Elektolyse an die Anode wandert.

assimilieren angleichen, anpassen, sich einpassen, Substanzen aufnehmen.

Antagonismus Gegensatz, Widerspruch, gegeneinander gerichtete Wirkung.

Auflaufen Wenn die Saat durch junge Pflänzchen (Sämlinge) sichtbar wird.

Azotobakter Bodenbakterien, die Luftstickstoff aufnehmen und an sich binden.

Bentonit Gesteinsmehl feinster Teilchengröße (2μ), quellfähig, wasserbindend, wichtiger Ionen-Austauscher für die Pflanzenernährung.

Biotop Ein durch bestimmte Umweltbedingungen, Tiere und Pflanzen gekennzeichneter Lebensraum.

Biozide Gifte im Pflanzenschutz gegen Schaderreger und unerwünsche Pflanzen.

Biozönose Lebensgemeinschaft von Pflanzen und Tieren in einem Biotop.

Chelate Metallorganische Verbindungen, die Nährelemente in pflanzenverfügbarer Form enthalten.

Chlorophyll Blattgrün der Pflanzenzelle, befähigt diese zur Photosynthese.

C:N-Verhältnis Anteile von Kohlenstoff und Stickstoff, z. B. in Kompostmaterial, in Düngemitteln.

Dauerhumus Humusform, die sich nicht mehr zersetzt und für die Bodenfruchtbarkeit wesentlich ist.

Edaphon Von R. Francé eingeführter Begriff, der die Gesamtheit (Biozönose) aller Bodenorganismen umfaßt.

Enzym In einer lebenden Zelle gebildete organische Verbindung, die Stoffwechselvorgänge steuert. Gleichbedeutend mit der aus dem Lateinischen stammenden Bezeichnung Ferment.

Ethologie Verhaltensforschung. Die Wissenschaft vom Verhalten der Tiere und des Menschen.

Evolution Langsame, kontinuierlich fortschreitende Entwicklung, z. B. stammesgeschichtliche Entwicklung von niederen zu höheren Formen (Pflanzen, Tiere).

Fauna Tierwelt, vorwiegend eines bestimmten Gebietes.

Flora Pflanzenwelt, vorwiegend eines bestimmten Gebietes.

Fruchtfolge Anbau verschiedener Kulturpflanzen in einer bestimmten zeitlichen Reihenfolge.

Fungizid Gift zum Töten von Pilzen, besonders Schadpilzen.

Gallen Vorwiegend von tierischen Parasiten hervorgerufene Wucherung an Pflanzen, besonders an Blättern.

Herbizid Gift zum Töten von Pflanzen, vorwiegend von sogenannten Unkräutern und von Gräsern.

Humifikation Die meist im Boden, im Kompost, stattfindende Umwandlung organischer, also pflanzlicher und tierischer Stoffe zu Humus.

Hybrid Von zweierlei Herkunft, zwittrig; bei Pflanzen z. B. die erzwungene Selbstbefruchtung, wobei die Eigenschaften der Elternpflanze übertroffen werden sollen.

Insektizid Gift zum Töten von Insekten, meist auch hochgiftig für andere tierische Lebewesen.

Ion Elektrisch positiv oder negativ geladenes Teilchen, das aus einem neutralen Atom oder Molekül durch Abgabe von Elektronen entsteht.

irreversibel nicht umkehrbar, nicht rückgängig zu machen.

Kation Positiv geladenes Ion, das bei der Elektrolyse zur Kathode wandert.

Kolloide Stoffe kleinster Größe und feinster Verteilung in einer Flüssigkeit oder in einem Gas.

Kontamination Verunreinigung, Verseuchung mit unerwünschten Fremdstoffen.

Kybernetik Forschung und Lehre von biologischen, technischen und soziologischen Systemen, die sich in ihrem Verhalten selbst regulieren und erhalten.

Leguminosen Schmetterlingsblütler, wichtige Pflanzenfamilie, die in ihrem Wurzelsystem mit stickstoffsammelnden Knöllchenbakterien zusammenleben und dadurch gleichzeitig den Boden mit Luftstickstoff „düngen".

Lignin Farbloser Stoff, neben der Zellulose wichtigster Bestandteil des Holzes.

Lockfallen In Bäumen aufgehängte, mit Lockstoff (Geruchsstoff) und Leim bestrichene Papiere oder Pappen, die Insekten anlocken und an denen diese dann kleben bleiben.

Metabolismus Veränderung, Umwandlung eines chemischen Stoffes in einen ähnlichen, mit jedoch anderen Eigenschaften, z. B. bei Pestiziden, die durch Licht, Luft, Feuchtigkeit usw. zu anderen weniger schädlichen oder unschädlichen Verbindungen umgebaut werden.

Mikroklima Kleinklima, z. B. in Bodennähe zwischen Pflanzen.

Mineralisation Freisetzung von Mineralstoffen, z. B. im Boden, im Kompost, vielfach hervorgerufen durch Bakterien.

Monokultur Großflächiger Anbau nur einer Pflanzenart.

Montmorrillonit Der wertvollste Anteil der Tone, z. B. im Bentonit, mit hohem Nährstoffspeichervermögen. Wichtig für die Bildung von Ton-Humus-Komplexen.

Mulchen Bedeckung des Bodens mit abgestorbenem Pflanzenmaterial, z. B. Gras auf Baumscheiben.

Mykorrhiza Lebensgemeinschaft zwischen Pilzen und Pflanzen im Wurzelbereich.

Nährhumus Noch in der Umsetzung befindlicher Humus, mit freiwerdenden Pflanzennährstoffen. Er wird nach längerer Lagerung und weiterem Abbau zu Dauerhumus.

Nematoden Fadenwürmer oder Älchen, die bei massenhaftem Auftreten schädlich werden. Bekämpfung durch Fruchtwechsel oder Brache.

Nitrat Wichtigster Pflanzennährstoff; Stickstoff-Sauerstoffverbindung – NO_3.

Nitrifikation Bildung von pflanzenaufnehmbarem Nitrat (Salpeter) aus Ammoniak durch Oxidation, die von Bakterien bewirkt wird.

Nützlinge Nützliche Tiere, besonders Insekten, die Schädlinge zur Nahrung oder zur Fortpflanzung benötigen.

Ökologie Wissenschaft von den Beziehungen zwischen Lebewesen und ihrer Umwelt.

Ökosystem Ökologische Einheit eines

Lebensraumes und der in ihm wohnenden pflanzlichen und tierischen Lebewesen, z. B. ein See, ein Wald.

Osmose Durchdringen eines Lösungsmittels (z. B. Wasser) durch eine feinporige Scheidewand in eine gleichartige, aber stärker konzentrierte Lösung bei Ausgleich der Lösungskonzentration.

Oxid (Oxyd) Verbindung eines chemischen Grundstoffes mit Sauerstoff.

Parasit Schmarotzer, Schädling, lebt von seinem Wirt, ohne ihn – jedenfalls nicht gleich – zu töten.

pathogen Krankheit verursachend – Bakterien, Pilze, chemische Stoffe usw.

Pestizid Generelle Bezeichnung für *giftige* Schädlingsbekämpfungsmittel aller Art.

Photosynthese Aufbau organischer Verbindungen aus anorganischen Stoffen in der Pflanzenzelle mit Hilfe des Sonnenlichtes.

Phytonzide Von Pflanzen gebildete Schutzstoffe gegen Schaderreger und Krankheiten.

Population Gesamtheit der an einem Ort vorhandenen Lebewesen einer bestimmten Art.

Prophylaxe Vorbeugung.

Protein Vorwiegend aus Aminosäuren aufgebautes Eiweiß.

Recycling Aufbereitung und Wiederverwendung bereits benutzter Stoffe oder Materialien.

Resistenz Die in den Erbeigenschaften festgelegte Widerstandsfähigkeit eines Organismus gegen äußere schädliche Einflüsse.

Rhizom unterirdischer, ausdauernder Wurzelstock.

Saprophyten Organismen, besonders Pilze und Bakterien, die sich von abgestorbenen, faulenden Stoffen ernähren.

Schwermetalle Bestimmte Metalle bzw. metallische Verbindungen mit hohem spez. Gewicht (Blei, Cadmium, Quecksilber, Zink usw.), die bei hohem Anteil in der Umwelt oder Ernährung auf Lebewesen aller Art schädlich wirken. So bestehen z. B. viele Fungizide aus Schwermetallverbindungen.

Streptomyzeten Strahlenpilze. Kugelförmige Bakterien, die sich zu Fäden und Ketten zusammenschließen. Sie leben z. T. in Symbiose mit Pflanzen an deren Wurzeln und bilden dort stickstoffreiche Knöllchen (z. B. Erle). Vielfach Krankheitserreger, aber auch Ausgangsmaterial für Heilmittel.

Symbiose Lebensgemeinschaft von Lebewesen verschiedener Arten zum gegenseitigen Nutzen.

Ton Lockeres, feinstkörniges Sedimentgestein verschiedenster Zusammensetzung.

Ton-Humus-Komplex Stabile Verbindung von Ton mit Humusteilchen zu einem festen, durch Wasser nicht lösbaren Komplex. Wichtigster Vermittler von Nährstoffen für die Pflanze. Regenwurmkot z. B. ist reich an Ton-Humus-Komplexen.

Tonmineral An Ton gebundene Mineralstoffe.

Zuschlag Material, das Düngemitteln oder Kompost in meist geringen Mengen zugesetzt wird, z. B. Steinmehl, Ton, Horn- oder Blutmehl, fertig gemischte Kompoststarter.

Zytoplasma Beweglicher, fließender Inhaltsstoff einer Zelle ohne Keimplasma. Transportmittel für Nährstoffe in oder durch die Zelle.

Algenprodukte (Flüssigalgen, Trockenalgen, Kalkalgen):
E. O. Cohrs, Postfach 1165, 2720 Rotenburg/Wümme – Versand
Bio+Gartenmarkt Keller, Konradstr. 17, 7800 Freiburg – Versand
Biofa, Ulmer Str. 99, 7430 Metzingen – Versand
Neudorff GmbH KG, Postfach 1209, 3254 Emmerthal 1 – im Fachhandel

Geräte, Kompostsilo, Werkzeuge usw.:
Gartenfachhandel. Siehe Anzeigenteil der in den Literaturhinweisen genannten Fachzeitschriften.

Gründüngungssaat:
E. O. Cohrs; Bio+Gartenmarkt Keller, Adr. s. o.
Sperling & Co. Saatzucht, 2120 Lüneburg

Organische Düngemittel:
E. O. Cohrs; Bio+Gartenmarkt Keller; Biofa, Neudorff, Adr. s. o.
Corna Werk, Postf. 4267, 7900 Ulm – über den Fachhandel
P. Günther, Cornufera GmbH, Postf. 303, 8510 Fürth – über den Fachhandel
Manna Düngerwerk, 7404 Ammerbuch 2, Pfäffingen – über den Fachhandel
Zimmerli Mineralwerk AG, Hohlstr. 500, CH-8048 Zürich – über Verteiler

Humuserzeugnisse:
Örtlicher Fachhandel, Landwirtschaftliche Lagerhäuser usw.
Rindenkomposte: Nächstgelegenen Lieferanten über Herstellerverband „Rinde“ erfragen per Adr. Fa. Forestina GmbH, Postf. 1160, 7520 Bruchsal

Kompostierungshilfsmittel:
Kompoststarter: Hersteller der oben genannten organischen Düngemittel und „Donatus-Kompoststarter“ der Neuform über Reformhäuser
„KP Trocken“, Joachim & Co., Postf. 106, 6800 Mannheim 34
Ferner: Bio+Gartenmarkt Keller; Biofa; E. O. Cohrs; Neudorff, Adr. s. o.

Kompostkräuter:
E. O. Cohrs; Bio+Gartenmarkt Keller; Neudorff, Adr. s. o.
„Humofix“, Abtei Fulda, Nonnengasse 16, 6400 Fulda
„Donatus Kompostaktivator“, Donatus Gartenpflege über Neuform-Reformhäuser
Präparate 502 bis 507 der Biologisch-Dynamischen Wirtschaftsweise, durch deren Berater, Adressen über Institut für Biologisch-Dynamische Forschung, Brandschneise 5, 6100 Darmstadt
Drogen, selbst zusammengestellt und bezogen aus Apotheken oder Drogerien

Regenwürmer:
O. Angst, Gryphiusweg 15, 6800 Mannheim 31
Eisenia GmbH & Co, Kapellenstr. 25, 6200 Wiesbaden
H. K. Landenberger, Gartenstraße 32a, 7470 Albstadt
Vermicon Kitza GmbH & Co., Burghäuserstr. 12, 8725 Altbessingen

Spezialdünger:
Aminosäurenflüssigdünger „Siapton“, Fa. Christoffel, Ruverstr. 26, 5500 Trier
Hefedünger „P K für Pflanzen“ im Donatus-Gartenpflegeprogramm über Neuform-Reformhäuser

Spurenelementedünger, Fa. Metalldünger Jost GmbH, Postf. 224, 5860 Iserlohn

Gesteinsmehl:
E. O. Cohrs; Bio+Gartenmarkt Keller; Biofa; Neudorff, Adr. s. o.
Hans G. Hauri, Sonnenhalde 6, 7805 Bötzingen
Lava Union, 5485 Sinzig, über den Fachhandel.
Ferner fast alle Steinbruchwerke und über den Düngemittelhandel
In der Schweiz: Zimmerli Mineralwerk AG, Hohlstr. 500, CH-8048 Zürich

Tone:
Betonitmehl und Edasil®: Süd-Chemie, Postf. 202 240, 8000 München
E. O. Cohrs; Bio+Gartenmarkt Keller; Biofa; Neudorff, Adr. s. o.

Institute für Bodenuntersuchungen

Bundesrepublik Deutschland
Dr. Fritz Balzer, Labor für Bodenuntersuchungen u. Spurenelement-Analytik, Oberer Ellenberg 5, 3551 Amönau
Institut für Biologisch-Dynamische Forschung, Brandschneise 5, 6100 Darmstadt.

Österreich:
Mikrobiologisches Labor, Dr. Wenzel, Maygasse 8, A-8020 Graz

Schweiz:
Forschungsanstalt für Agrikulturchemie, Schwarzenburgstr. 155, CH-3097 Liebefeld/BE, und
Eidgenössische Forschungsanstalt, Schloß, CH-8820 Wädenswil

Holland:
Central Bodemkundig Bureau Dr. Rispens, W. Felderer, Singelstraat 19–21, NL-Deventer

Italien:
CBB, W. Felderer, Speckbacherstr. 5, I-39012 Meran

Literaturhinweise

Aubert, C.: Organischer Landbau; Verlag Ulmer, Stuttgart

Beinert-Sauerlandt: Der wirtschaftseigene Dünger; Verlag Parey, Hamburg

Briejèr, C. J.: Silberne Schleier; Verlag Biederstein, München

Bruce, M.: Gartenglück durch Schnellkompost; Waerland Verlag, Mannheim

Finck, A.: Pflanzenernährung in Stichworten; Verlag Hirt, Kiel

Forschungsring für Biologisch-Dynamische Wirtschaftsweise (Hrsg.): Biologisch-Dynamischer Land- und Gartenbau, Band 1, 2, 3; Forschungsring für Biologisch-Dynamische Wirtschaftsweise, Darmstadt

Francé, R. H.: Das Leben im Boden und Das Edaphon; Edition Siebeneicher, Volkswirtschaftlicher Verlag, München

Franck, G.: Gesunder Garten durch Mischkultur, Südwest Verlag, München

Haller, A. v.: Lebenswichtig aber unerkannt, die Phytonzide; Verlag Boden und Gesundheit, Langenburg

Heynitz, v. / Merckens: Das biologische Gartenbuch; Ulmer Verlag, Stuttgart

Hitschfeld, O.: Dauerfruchtbarkeit und Gesundheit im Land- und Gartenbau; Schwab Verlag, Schopfheim

Howard, A.: Mein landwirtschaftliches Testament; Edition Siebeneicher, Volkswirtschaftlicher Verlag, München

Könemann, E.: Neuzeitliche Kompostbereitung; Waerland Verlag, Mannheim

– Biologische Düngung im Gemüsebau; Waerland Verlag, Mannheim

Koepf/Pettersson/Schaumann: Biologisch-dynamische Landwirtschaft; Verlag Ulmer, Stuttgart

Mücke/Rieger: Der Garten drinnen und draußen; Südwest Verlag, München

Preuschen, G.: Die Grundlagen der Bodenfruchtbarkeit; Wirtz Verlag, Aarau (CH)

Probst, G. und M.: Praktische Gründüngung; Edition Siebeneicher, Volkswirtschaftlicher Verlag, München

Schmitz/Kluge: Das Düngemittelrecht. Landwirtschaftsverlag Münster-Hiltrup

Siebeneicher, G. E. (Hrsg.): Neues großes Gartenlexikon; Südwest Verlag, München

Snoek/Wülfrath: Das Buch vom Steinmehl; Pietsch Verlag, Stuttgart

Trolldenier, G.: Bodenbiologie; Franckh'sche Verlagshandlung, Stuttgart

Fachzeitschriften

bio-land; Fördergemeinschaft organisch-biologischer Land- und Gartenbau e. V., Gartenstraße 26, D 7326 Heiningen

Der biologische Land- und Gartenbau; E. Hitz, Kapellenstraße 10, CH 5610 Wohlen

garten organisch; Volkswirtschaftlicher Verlag VV GmbH, Postfach 701920, D 8000 München

Lebendige Erde; Forschungsring für Biologisch-Dynamische Wirtschaftsweise, D 6100 Darmstadt

zB (zum Beispiel); Forschungsinstitut der Schweizerischen Stiftung zur Förderung des biologischen Landbaus. Bernhardsberg, CH 4104 Oberwil BL.

Register

Sternchen * hinter den Ziffern verweisen auf Abbildungen

Bildnachweis

A. Herr, Baden-Baden, 94 (2); Institut für Film und Bild, München, 81 (4), 84 (6); Merck, Darmstadt, 54 oben links; K.-H. Mücke, Freising/Weihenstephan, 54 unten, 71 oben rechts; Neudorff, Emmerthal, 54 oben rechts, 72 (2); Georg E. Siebeneicher, Neu-Ulm, 72 (2), 93 oben; Helmut Snoek, 17 (2), 18 (2), 36 (2), 53 (3), 71 oben links, unten rechts 82 (4), 83 (4), 93 unten (2), 111 unten (2), 112 (3); Südd. Verlag Bilderdienst, München, 35 (2); Weckbrodt, Hannover, 111 oben; Zimmerli, Zürich, 71 unten links.